슬기로운
부장생활

백홍근
지음

3

이대로
행복할 순
없을까

더 가지려, 더 오르려
애쓰지 않아도,
발버둥치지 않아도 되는
회사생활을 위하여

슬기로운 부장생활 3. 이대로 행복할 순 없을까

1판 1쇄 발행 2020년 5월 20일

지은이   백홍근
펴낸곳   공감의기쁨

전화   (02) 2063-8071
등록   2011년 7월 20일 제313-2011-204호
주소   서울시 강서구 강서로 207 4층
e-mail   goodbook2011@naver.com

ISBN   979-11-86500-48-4 (03180)

태산에 걸려 넘어지는 사람은 없다.
사람을 넘어지게 하는 것은 작은 흙더미다

행복하고 보람된 부장으로서 삶을 영위하는 데 도움이 되는 심리법칙들은 무엇이 있을까 생각해 봅니다.

비행기에서 위기의 순간에는 본인이 먼저 산소호흡기를 착용하고 나서 자녀나 동반자를 도와줄 것을 권고하고 있습니다. 직장생활도 마찬가지입니다. 내가 먼저 행복해야 남도 행복하게 해줄 수 있는 것입니다. 조직의 리더가 먼저 조직에서 행복과 보람을 느끼지 않고서 팀원들에게 어떻게 행복하고 보람된 일터를 제공할 수 있겠습니까?

사람들은 독립적으로 평가할 때 보다 동시에 놓고 비교평가할 때 사소한 차이도 현저하게 큰 것으로 과도하게 지각하는 성향이 있는데 이를 차이식별 편향Distinction Bias이라고 합니다. 예를 들면, 컴퓨터를 구입하는 데 있어 1,000분의 1초가 빠른 컴퓨터의 성능에 과도하게 집착한다든지, 초당 10프레임을 찍을 수 있는 카메라를 쓰면 초당 5프레임을 찍는 카메라를 쓸 때보다 대단한 걸작이 탄생할 확률이 두배 높을 것이라고 착각하는 것이지요. 수치로 표현된 특성

차이를 질적인 부문의 만족도로 오인해 2배 빠른 반응속도를 가지면 만족도가 2배 늘 것이라고 단순하게 생각하는 오류를 범하기 쉽습니다. 월급이 30% 많은 직장으로 옮기면 행복이 30% 이상 증가할 것이라고 단순하게 생각하지요.

조직에서는 숫자로 나와 남을 평가하고 무엇인가를 비교 평가, 측정하는 삶을 삽니다. 우리 부서, 우리 영업점의 성과와 나의 가치를 숫자로 증명해야 하는 삶을 사는 것이지요. 이른바 데이터나 통계로 고객의 가치나 납품 협력업체의 경쟁력, 또는 생산 제품의 품질 등을 숫자로 평가합니다. 그리고 그 숫자에 과도한 의미를 부여합니다. 그 숫자에 따라 평가를 받는 사람은 일렬로 줄 세워지고, 혹자는 유능하고 혹자는 무능한 사람으로, 어떤 것은 우수하고 어떤 것은 열등한 결과로 분류됩니다.

하지만 조직을 떠나는 순간 더 이상 숫자에 매몰되지 않는 삶을 즐기게 됩니다. 삶을 진정으로 이해하는 데 있어서 숫자는 그리 중요하지 않다는 것을 깨닫게 되는 것이지요. 통계 속에 가려진, 통계로 분석할 수 없는, 통계가 무의미한, 통계로 왜곡되는 진실을 볼 수 있는 눈을 조금 뜨게 됩니다. 예를 들면, 현직 은행원으로서의 시각에서 연체자는 신용이 불량한 사람이지만, 은행을 떠나게 되면서는 연체를 할 수밖에 없는 그의 고단한 삶을 조금이나마 생각하고 연민을 느끼게 되는 그런 다른 시각을 갖게 됩니다.

한비자는 "태산에 걸려 넘어지는 사람은 없다. 사람을 넘어지게 하는 것은 작은 흙더미다"라고 말했습니다. 조직의 리더는 늘 작은 것도 중요하게 생각하고 긴장의 끈을 놓지 않습니다. 작은 개미굴이 저수지의 제방을 무너뜨릴 수도 있다는 가능성 속에서 늘 문제를 바라봅니다. 그러나 직장을 떠나고 보면 생각은 달라집니다. 직장생활을 하면서 중요하다고 생각했던 것들이 실제로는 대단치도 않았고, 반면, 내가 대단치도 않게 여겼던 것들이 실제로는 중요했음을 깨닫게 됩니다. 오히려 행복은 종종 작은 것들에 주의를 기울일 때 찾아오고, 불행은 종종 작은 것들에 소홀할 때 닥쳐오는 것이었습니다.

혹시 지금 여러분이 부장, 또는 팀장으로서의 스트레스가 과중하게 느껴진다면, 여러분이 느끼는 고독과 압박감이 사실 지나고 보면 그리 심각한 것이 아니라는 것을 깨닫게 되리라는 것을 알려드리고 싶습니다.

이 책은 여러분이 그것을 깨닫는 데 도움이 되는 착각과 편향 등의 심리법칙을 다룹니다.

리더가 자신이나 세상을 바라보는 프레임이 조직 구성원의 행복에 미치는 영향이 크다는 점에서 리더의 긍정성을 높이는 데 도움이 되는 심리법칙들을 담았습니다.

아무쪼록 이 책이 이 땅의 모든 부장님이 행복과 보람이 넘치는 직장생활의 바른 길로 안내받는 데 도움이 되었으면 합니다. 그리고 미래의 부장님들에게도 그 자리에 이르기까지의 성공에 도움이 되길 바랄 뿐입니다.

2020년 5월 백홍근 *Baik*

인지부조화

Cognitive Dissonance

저 포도는 시어서 못 먹을 거야.

_〈이솝우화〉 중 '여우와 신 포도'에서

인지부조화란 두 가지 이상의 반대되는 믿음, 생각, 가치를 동시에 지닐 때나 기존에 가지고 있던 것과 반대되는 새로운 사실을 접했을 때 개인이 받는 정신적 스트레스나 불편한 경험이나 이런 불일치를 줄이고자 태도나 신념을 바꾸는 행태다.

인간은 합리적인 동물인가
합리화하는 동물인가

레온 페스팅거Leon Festinger는 1957년 지구의 종말과 외계인으로부터의 구원을 예고한 사이비 종교집단을 관찰했다. 종말을 예언한 날짜에 대홍수가 나지 않자 이들은 교주를 의심하거나 자신의 종교적 신념의 오류를 인정하는 대신에 자신들의 기도가 신을 감동시켜 홍수를 내리지 않았다라고 믿으며 오히려 신앙심이 강해지는 이해할 수 없는 모습을 보였다. 레온 페스팅거는 이를 통해 '인지부조화이론'을 발전시켰다.

높은 가지에 매달린 포도를 따먹기 위해 노력했으나 결국 실패하게 된 여우가 돌아서며 말했다.

"저 포도는 분명 신 포도일 거야. 나는 신 포도를 좋아하지 않아."

〈이솝우화〉 중 한 이야기다. 여우만이 아니라 인간은 합리적인 동물이 아니라 자신의 실패와 모순을 합리화하는 동물이다. 인지부조화이론이란 사실과 인지 사이의 부조화를 해결하기 위해 사실 자체를 바꿀 수 없으므로 인지를 바꾸어 부조화를 해소하려고 하는 것을 말한다. 기존에 가지고 있던 신념과 반대되는 새로운 사실을 접하게 되면 이러한 불일치로 인해 정신적 스트레스나 불편한 경험을 유발하게 되는데 이때 인간은 기존의 태도나 신념을 바꾸는 것으로 불일치를 해결하는 손쉬운 방법을 택하게 된다. 여우는 먹고 싶었던 포도를 신맛이라고 생각함으로써 자신의 포기를 합리화했다.

스탠퍼드대 레온 페스팅거Leon Festinger와 제임스 칼스미스James M. Carlsmith가 학생을 대상으로 한 한 실험에 따르면, 재미없는 영화를 보여주고 나서 남들에게 영화가 재미있다고 거짓말을 하는 대가로 1달러 주는 경우와, 20달러를 주는 경우에 1달러를 받은 사람은 거짓말을 진실이라 주장하는, 즉 영화가 나름 재미있었다고 생각하는 경향이 높게 나타났다. 이는 고작 1달러에 자신의 양심을 팔았다고 생각하기보다는 차라리 영화가 제법 재미있었다고 믿는 편이 마음이 편하기 때문이다.

6·25 때 중공군이 미군포로에게 행한 세뇌Brain Washing도 인지부조화 이론으로 설명된다. 중공군은 미군포로들에게 거창한 상품이 아니라 담배나 과자 같은 작은 것을 보상으로 내걸고 '미국 사회도 장점이 있으나 완벽하지는 않다' 또는 '공산주의에게도 한두 가지 장점은 찾을 수 있다'는 주제로 글짓기대회를 열었다. 병사들은 사소한 상품을 얻기 위한 글짓기에 큰 양심의 가책을 받지 않았다. 그러나 이후에

자신이 미국 사회의 단점을 말한 것이나 공산주의를 일부 찬양한 것은 바꿀 수 없는 사실이 되고, 고작 담배 한 개비 때문에 자신이 양심을 팔았다는 이야기를 듣는 것을 피하기 위해 자본주의사회 비난 및 공산주의 찬양은 자신의 양심과 신념이라고 생각하게 되며 점차로 공산주의자로 세뇌돼 갔다. 신념이 행동을 결정한다고 하지만 때로는 행동이 신념을 결정하기도 하는 것이다.

우리에게 익숙한
인지부조화 현상

새해부터는 더 이상 술을 먹지 않겠다고 다짐한 A씨. 그러나 1주일을 넘기지 못하고 동료들과 맥주 한 병을 마셔버렸다. 이때 A씨는 다음과 같은 반응을 보일 수 있다.

■ 행동을 바꾼다. 다시는 술을 더 이상 마시지 않는다. 바람직하지만 대부분 실패한다.

■ 인지를 바꾼다. 행동을 정당화한다. '내가 먹고 싶어 그런 것이 아니라 부서 회식이었으니 어쩔 수 없었어' 하고 생각한다.

■ 새로운 인지를 통해 자신을 정당화한다. 적당량의 술은 건강에 좋은 점도 있어.

■ 가지고 있는 믿음에 의한 정보를 무시하거나 부정한다. 맥주는 술이 아니다, 음료다.

담배 역시 우리가 일상생활에서 가장 쉽게 접할 수 있는 사례다. 우리는 주변에서 보통 담배가 몸에 해롭다는 것을 알고 금연을 다짐하고나서도 이후 담배를 피우는 사람들을 목격할 수 있다. '금연하는 스트레스로 인해 생기는 질병이 흡연보다 크고 무섭다'고 생각을 변화시켜 자신의 담배를 피우는 행동을 정당화한다.

조직 내에서 상사의 부당하거나 윤리적으로 문제가 있는 지시를 승진 등에서의 불이익을 우려하거나 조직문화상 따랐다고 치자. 이 경우 대부분은 상사의 지시가 문제가 있었으나 비굴하게 내가 지시를 따랐다고 자책하기보다는 '나도 사실 상사의 생각과 같다. 상사의 지시는 윤리적으로 큰 문제가 없지' 하고 자신의 신념과 생각을 바꾸는 경우가 많다.

조직사회에서 비리나 부정이 저질러지면서 고착화, 만성화되는 경우, 사람들은 그것을 비리로 보면서 괴로워하기보다는 관행과 문화로 인식하며 그런 사건의 장점과 긍정적인 점을 억지로 도출하고 신념화하는 것이다.

프리드리히 니체는 약자가 강자에게 품은 질투, 원한, 증오, 열등감 등이 뒤섞인 감정을 '르쌍티망'Ressentiment이라 지칭하면서 르쌍티망에 사로잡인 개인은 르쌍티망을 유발하게 된 가치, 기준 등에 예속, 또는 복종하는 경우와 이와는 반대로 르쌍티망을 갖게 된 원인이 되는 가치판단을 뒤집어 버리는 두 가지 다른 서로 양상으로 사태 해결을 모색하게 된다고 말한다.

포도를 발견한 여우는 맛있는 포도를 먹을 수 있을 때까지 끝까지 노력하는 경우와 '저 포도는 틀림없이 신 포도일 거야. 난 신 포도는 좋아하지 않아' 하고 마음을 바꾸는 두 가지 방법이 있다.

명품 가방에 르쌍티망을 갖은 사람은 투잡을 뛰거나 아니면 빚을 내서라도 저 명품가방을 사고야 만다고 마음먹는 경우와 '내 지금 가방도 나에겐 가치 있고 소중해. 나는 이 가방이 실용적이라서 명품백보다 좋아' 하고 생각해 르쌍티망을 해소할 수도 있다.

무신론자 니체에게는 기독교라는 신앙도 유대인이 만든 르쌍티망의 창작품이라고 보았다. 로마인에 비해 빈곤에 허덕이는 유대인이 '지금은 우리가 고통 받고 있어도, 부자는 낙타가 바늘귀를 통과할 확률로 천국에 갈 수밖에 없어. 결국 신으로부터 구원받고 천국에 가는 것은 우리야' 하고 마음먹는 종교를 만들어냈다는 주장이다.

노동자가 자본가보다 선하고 정의로우며 더 뛰어나다고 주장하는 '공산당선언' 역시 유사한 사례로 보았다. 르쌍티망의 원인이 되는 열등감을 노력을 통해 극복하지 않고, 대신 타인과 타자를 부정함으로써 자신의 열등감을 해소하고 자신을 긍정하는 것을 약한 인간의 한 습성으로 본 것이다.

적절한 인지부조화는 행복의 특효약

'한강의 기적'을 이룬 대한민국의 원동력에는 주어진 목표를 달성하고자 하는 불굴의 정신이 바탕이 됐고, 이러한 사고방식은 개인의 성공과 성취에 필수불가결한 사고방식이라고 할 수 있다. 조직은 도전적인 목표를 수립하고 수단과 방법을 가리지 않고 목표를 달성해내는 사람을 선호할 수밖에 없다. 반면, 포기하고 변명하는 사람은 나약한 정신의 소유자로 분류될 수밖에 없었다.

하지만 이제 나이가 들고 보니 행복은 삶의 긍정적인 태도에서 비롯되고 단점에서도 장점을 찾으려는 시도가 정신 건강에 좋다는 생각이 든다.

고급 자동차를 살 여력이 없긴 하지만 대중교통과 걷는 것은 건강에 좋은 거다. 남들 집값 오를 때 오르지 않는 변두리 내 아파트지만 한적하고 조용해 강남 안 부럽다고 생각을 바꾸면 마음이 한결 가벼워진다.

물질적 욕망을 추구하는 전자의 삶을 살 것인가, 아니면 욕망을 포기하는 후자의 삶을 살 것인가?

어느 삶이 우리를 더 큰 행복으로 이끄는가는 개인의 가치관에 따라 좀 다르겠지만, 아무튼 부러우면 지는 거다.

통제의 환상

Illusion of Control

앨리자가 말했어요.
세상은 생각대로 되지 않는다고.
하지만 생각대로 되지 않는다는 건 정말 멋져요.
생각지도 못한 일이 일어나니까요.

_〈빨강머리 앤〉 중

실제적으로는 권한이 없는 뭔가에 대해 통제하거나 영향을 미칠 수
있다고 믿거나 통제하고 있다고 믿으면서 심리적 안정감을 느끼는
현상. 객관적인 외부 환경을 자신이 통제할 수 있다고 믿는 경향이다.

하버드대 심리학자 알렌 랭거Ellen Langer의 실험을 보자. 1달러짜리 복권을 나누어 준 후 남에게 이 복권을 판다면 얼마에 팔 의향이 있느냐의 질문에 자동완성번호의 복권은 평균 1.9달러를 제시한 반면 자신이 직접 정한 번호의 복권은 평균 8.9달러를 제시했다.

또 자동완성번호 복권 소유자의 19퍼센트가 팔지 않겠다고 한 반면, 직접 번호기입 복권 소유자는 38퍼센트가 팔지 않겠다고 응답했다. 사람들은 자신이 직접 숫자를 써 넣은 복권이 당첨 확률이 더 높아질 것이라고 믿는 것이다.

사람들은 자신이 영향력을 행사할 수 없는 상황 속에서도 자신이 통제력을 지니고 있다고 믿을 때가 있다. 어린이들 가위바위보 할 때의 포즈를 보면 두 손을 깍지 끼고 비틀어서 무엇을 낼지 보는 경향이 있다. 이런 행동을 하면서 상대방이 무엇을 낼지 알아맞힐 것 같은 통제감을 느낀다.

도박장에서도 유사한 행동이 관찰된다. 사람들은 주사위의 낮은 숫자가 필요할 때는 살살 던지고, 큰 숫자를 원할 경우에는 높이 세게 던지는 경향이 있다. 윷놀이도 마찬가지다. 윷이나 모가 필요할 때는 하늘 높이 세게 던지고 도가 필요할 경우에는 조심해서 살살 던지는 경향을 보인다. 이 모두 운과 확률에 따라 결정되는 사안을 자신이 어떻게든 통제할 수 있다는 믿음에서 나온다. 근거 없는 통제감이다.

플라시보
버튼

통제의 환상은 개인주의가 강한 사람들에게서 더 많이 나타나는 것으로 알려져 있다. 이들은 주어진 사건에 대한 통제력의 근원이 타인이나 외부 조건과의 연관성보다는 개인 즉, 자신에게 있다고 여기는 경향이 있는데 이는 자신의 통제력을 과장해서 지각하기 때문이다.

통제의 환상은 자신의 능력에 대한 현실적인 평가를 방해함으로써 잘못된 의사결정을 초래하거나 섣부른 행동을 조장할 위험이 있다. 그러나 긍정적인 양면성도 있어서 개인의 정신 건강이나 태도에 긍정적인 영향을 미친다고 보고하는 연구결과도 있다.

자신이 결정할 수 있는 영역이 크다고 인식할수록 스트레스 수준은 감소하며 일이나 목표로 하는 바에 더 의욕적으로 오래 매달린다는 것이다. 반대로 통제 영역이 적다고 인식되는 경우에는 스트레스 수준이 증가하며 일을 처음부터 쉽게 포기해버리는 결과가 나타나게 된다.

플라시보효과는 환자에게 아무런 효험이 없는 가짜 약을 진짜 약이라 속이고 먹게 했을 때 실제로 병세가 호전되는 현상을 말한다. '위약효과'라고 한다. 위약효과를 적용해 '플라시보버튼'도 있는데 미국 엘리베이터의 닫힘버튼은 1990년 미국장애인법이 제정되고 난 후, 일정시간 열려 있도록 의무화됐기 때문에 상당수 엘리베이터는 닫힘버튼이 장식용일 가능성이 높다고 한다. 그럼에도 버튼이 있는 것은 사람들이 이것을 누르면 실제로 작동할 것이라고 믿으며 조급한 마음을 달랠 수 있기 때문이다. 횡단보도 신호등버튼에도 적용된다.

2004년 〈뉴욕타임스〉가 보도한 내용을 보면 컴퓨터가 통제하는 교통신호시스템이 사용된 이후 횡단보도용 버튼의 기능을 정지시켰기 때문에, 뉴욕시 전역의 3,250개의 버튼 중 2,500여 개는 가짜버튼이라고 한다. 하지만 보행자들은 이 버튼을 눌러 곧 신호가 파란불로 바뀔 것이라고 믿으며 신호를 기다린다.

노시보
효과

 효과가 없는 가짜약이라도 진짜로 알고 먹으면 효과가 약
효가 나타난다는 '플라시보효과' Placebo effect, 반대로 제대
로 약을 처방했는데도 환자가 효과가 없다고 믿으면 약효
가 나타나지 않는 '노시보효과' Nocebo effect.

 신이 주신 거친 운명도 그것이 의미 있는 선물이라고 생
각하면 인생에 있어 약이 되는 플라시보효과를 얻을 것이
요, 반대로 신의 가호로 누리는 평온한 운명의 선물을 축
복이라고 생각하지 않으면 노시보효과를 얻을 것이다. 신
이 주신 선물상자는 당신의 태도와 의지에 따라 내용물이
바뀐다.

통제할 수 있는 것
통제할 수 없는 것

 우리는 각자의 삶을 통제하고 있다고 생각할 때 덜 불안
하다. 미래가 내 통제역량의 바깥에 있다는 불확실성과 모
호성을 견뎌내기 힘들어한다. 그러나 언젠가 그 통제감이
의미 없는 것이었을 경우에 그 허탈함은 매우 크다. 통제의

환상에 사로잡혀서는 안 된다. 나의 통제감이 사실인지 근거 없는 것인지를 구분해내고 통제 불가능한 영역을 통제하고 있다고 믿거나 통제하겠다고 나서는 오류는 범하지 않는 것이 좋다.

음주와 흡연은 당신이 통제할 수 있는 부분이다. 금주와 금연을 통해 미래의 건강한 삶을 기약할 수 있다. 그렇지만 반대로 철저하게 절제하는 생활에도 큰 병으로 고통 받을 수 있다. 그렇다고 그 질병이 당신이 삶을 통제하지 못한 결과라고 자책할 필요는 없다.

어느 경우든 내가 통제할 수 있는 영역은 나의 행동과 나의 태도, 나의 마음가짐이 전부다. 내가 통제할 수 있는 영역에서 최선을 다하는 편이 옳다.

바람직한 삶을 위해, 건강한 삶을 위해 내 삶을 내가 통제 가능하다는 마음가짐과 더불어 혹 안 좋은 결과에 대해서는 당신의 통제범위 바깥의 일이라고 스스로 위로하고 용서하는 마음가짐이 필요할 것이다.

귀납법의 오류

Induction Fallacy

지금까지 당신의 심장이 뛰었다는 이유로

내일도 변함없이 심장이 뛸 것이라고 믿는가?

과거의 경험만으로 미래를 예측하는 오류.

어리석은
거위

영국 철학자 버트런드 러셀은 18세기 영국 철학자 데이비드 흄의 성탄절 식탁에 오른 거위 이야기를 소개했다.

어느 농부가 거위 한 마리에게 매일 먹이를 주자 거위는 시간이 흐를수록 이 농부가 자신을 좋아하고 있다는 굳은 믿음을 갖게 됐다. 그러나 거위는 결국 크리스마스 전날 죽임을 당해 주인의 식탁 위에 오른다. 거위에게 먹이를 준 것은 크리스마스에 잡아먹기 위함이었는데, 거위는 매일 자신에게 먹이를 주는 행동을 잘못 해석하고 이를 기반으로 낙관적인 미래를 예측한 것이었다.

귀납법이란 기원전 300여 년 아리스토텔레스가 주장한 논리로 개별적인 특수한 사실이나 원리를 전제로 해 일반적인 사실이나 원리로서의 결론을 이끌어내는 방법이다.

[1] 아리스토텔레스도 죽었다.

[2] 플라톤도 죽었다.

[3] 아리스토텔레스, 플라톤은 사람이다.

[4] 결론: 모든 사람은 죽는다.

이런 결론을 추론해내는 논증법이다. 하지만 우리 모두는 때로는 어리석은 거위처럼 개별적으로 관찰하거나 경험한 특수한 사실을 보편타당성을 지닌 확실한 사실의 증거나 원리로 결론짓는 오류에 빠지곤 한다.

그동안 한 번도 교통사고가 없었으므로 내일도 교통사고는 나지 않는다. 어려운 경제여건에서도 오늘날까지 우리 회사는 생존해 있다. 따라서 우리 회사는 망하지 않을 것이라는 생각이 귀납법의 오류다.

롤츠 도벨리는 그의 책에서 우리가 얼마나 쉽게 귀납법의 오류에 빠질 수 있는지 재미있는 사례를 들어준다.

1,000명에게 메일을 보내 500명에게는 이번 달에 주가가 상승할 것이라고 말하고, 500명에게는 하락할 것이라고 말한다. 주가가 상승하면 다음달에는 주가상승을 예고했던 500명에게 메일을 보내는데, 그중 250명에게는 여전히 주가가 상승할 것이라고 예측하고 250명에게는 이번에는 하락할 것이라고 예측한다.

다음 달에 주가가 하락한다면 다시 하락 예언을 공지한 250명을 대상으로 125명에게는 주가상승을, 나머지 125명에게는 하락을 예언한다. 이렇게 반복하면 적어도 15명에게는 당신은 신의 경지에 이른 족집게 도사가 돼 있을 것이다. 그들로부터 거액의 투자금을 모아 해외로 튀면 된다.

내일도 변함없이
심장이 뛸까?

　인류는 언제나 위기를 극복하며 오늘날까지 생존해 왔으므로 앞으로도 어떤 일이 있더라도 생존할 것이라는 믿음이 있다. 그런 믿음은 핵전쟁이나 환경문제 등 인류의 종말을 야기하는 문제에 눈감는 귀납법의 오류에 빠진 증거일 수 있다.

　행복을 위해 귀납법의 오류에 빠지는 것은 나쁘지 않아 보인다. 어쩌면 그러한 오류 때문에 인간이 하루하루를 즐겁게 살아갈 수 있는 것인지도 모른다. 그러나 "여태까지 술 마시고 운전했어도 한 번도 걸린 적이 없어" 같은 귀납법의 오류는 인생을 비극으로 이끈다.

　조직에서도 마찬가지다. 지금까지 친구와의 사적인 모임에 법인카드를 써 왔지만 한 번도 문제가 된 적이 없었다는 귀납법의 오류. 당신이 잘나갈 때는 아무 문제 안 되지만 조직이 당신을 버려야 할 때는 그러한 이유로 당신을 해고할 수 있다.

　명심해야 한다. 지금까지 당신의 심장이 뛰었다는, 단지 그 이유로 내일도 변함없이 심장이 뛸 거라고 믿는 것은 당신이 귀납법의 오류에 빠져 있다는 증거다.

그리고 생각해 보라. 오늘이 어쩌면 당신의 마지막 날이 된다면 오늘 하루를 어떻게 보낼지를. 이번의 식사가 당신의 마지막 것이 된다면 음식이 빨리 나오지 않는다는 이유로 종업원에게 화를 낼 것인가.

노력정당화효과

Effort Justification Effect

네 장미가 중요한 존재가 된 건

네가 장미에게 들인 시간 때문이야.

_생텍쥐페리의 〈어린왕자〉 중에서

사람들은 어떤 일에 많은 에너지를 쏟아부으면 그 결과에 대해 크게 평가하는 경향이 있다. 유사한 개념으로 '이케아효과'Ikea Effect가 있다. 기성 완제품 가구와 달리 내가 직접 조립한 가구는 그만큼 더 애정이 가고 가구의 가치가 높아지게 되는 현상을 말한다.

결과에 집중한
객관적 사고

1950년대 미국에서 인스턴트 케이크가 처음 나왔을 때 조리가 쉽다는 이유로 오히려 주부들로부터 외면을 받았다고 한다. 음식을 완성하는 데 노력이 필요 없는 케이크는 오히려 가족을 위해 정성들여 음식을 준비하는 주부들의 자존감을 떨어뜨렸기 때문. 이후 조리과정에서 직접 달걀을 넣는 등 덜 편리하게 만들자 오히려 소비자의 만족도는 상승했다고 한다.

시몬느 드 보부아르는 《제2의 성》에서 무통분만으로 새끼를 낳은 소나 말의 경우에 자기가 낳은 새끼임에도 마치 남의 새끼를 보듯 젖도 주지 않고, 옆에 오지도 못하게 하는 경우가 많다는 사실을 소개했다. 아이에 대한 모성애는 10개월간 몸속에 품고 입덧으로 먹지도 못하고, 아파도 약도 먹지 않고 출산의 고통을 견디면서 더욱 강해지는 것일 수 있다.

신입생환영회나 특수부대 입단식에서 폭력과 가혹행위가 근절되지 않는 이유도 근저에 노력정당화효과가 깔려 있다고 하겠다. 고된 난관을 겪고 어떤 일을 성취하거나 힘든 과정을 통과한 사람은 그 일에 더 많은 가치를 부여하게 되고 집단에 대한 충성심이 오히려 더 높아지게 되는 것이다.

그러나 노력에는 그만한 가치가 있다고 생각하는 이런 노력정당화효과는 판단의 오류를 불러일으킬 소지가 높다. 어느 기업이 상품개발에 전사적으로 많은 노력을 쏟아부었다 해서 그 상품의 원가가 높아야 한다거나 가치가 높다라고는 소비자의 입장에서 납득할 수 없기 때문이다.

얼마나 오랜 시간 공을 들였냐 하는 노력보다는 그 결과에 집중한 객관적 사고가 필요하다는 주장이다. 예를 들면 오랜 기간에 걸쳐 작가가 고생하며 집필한 소설이라는 이유로 누군가의 소설이 노벨문학상의 합리적 평가기준이 될 수는 없다.

오랜 기간 밤새워가며 공들인 신상품 기획안은 어느 날 문득 떠오른 아이디어를 대신해 채택돼야 하는가? 어느 범재가 수개월에 걸쳐 노력을 기울였다 해서 어느 천재가 즉석에서 쉽게 작곡한 노래보다 높게 평가돼야 옳은가 하는 냉정한 질문을 던져 볼 필요가 있다.

낙은 반드시
고생을 필요로 하진 않는다

고려대 심리학과 허태균 교수는 사람들은, 특히 한국사람들은 힘들고 고생스런 시간을 보내면 후일에 그에 대한 보상으로 좋은 일이 올 것이라고 기대하는 '인고의 착각'을 가지는 경향이 있다고 말했다. 성공한 사람들에게는 늘 고난의 성공스토리가 있게 마련이다. 이런 스토리로 인해 빠지기 쉬운 오류는 바로 '고생하면 성공한다'는 오해다. 고생한 사람이 다 성공하지 않는다.

인고의 착각은 불안을 다스리는 착각적 통제감과 공든 탑은 무너지지 않고, 노력은 배신하지 않으며 자신은 무조건 잘 될 거라는 비현실적 낙관주의 때문에 발생한다. 세상의 모든, 많은 일이 우리가 어쩔 수 없는 운에 의해 결정되는데 그걸 그렇다고 인정하고 내버려두면 불안해서 우리는 견딜 수가 없기 때문에 우리는 마치 우리가 어쩔 수 있는 것처럼 착각하면서 살아간다는 것이다.

부적을 지니면서 시험에 붙을 이유를 하나 보태고, 미역국을 먹지 않으면서 시험에 떨어질 이유를 하나 줄이는 것은 착각적 통제감을 위한 것들이라고 말한다. 인고의 착각은 행복한 미래를 위해 더욱 오늘의 고통을 감수한다. 그래서 지금 행복하면 불안해한다. 이렇게 행복해도 되는 걸까? 오늘의 행복이 미래의 불행이나 실패의 원인이 되는 것이 아닐까? 뭐라는 사람은 없어도 늘 걱정하고 반성한다.

노력하면 구원받을 수 있다고
신은 말하지 않았다?

16세기 면죄부를 판매하는 로마 카톨릭에 반대하는, 마틴 루터의 프로테스턴트 장 칼뱅은 "어떤 사람이 신에게 구원받을지는 미리 결정돼 있다. 이 세상을 살면서 선행을 쌓느냐, 못 쌓느냐는 구원과는 관계가 없다. 그러므로 면죄부를 산다고 구원을 받을 수는 없다"는 예정설을 주장했다.

그는 "신은 미리 정해진 자들을 부르고, 부른 자들을 의로 삼으며 의로 삼은 자들에게 영광을 내렸다"는 신약 '로마서' 8장 30절을 근거로 들었다. 현재 예정설은 소수에 의해 이단으로 여겨진다고 한다. 깊은 신앙심과 선행은 그 사람의 구원 여부와 무관하다는 주장은 자칫 종교적인 삶을 위한 노력을 부정하고 세상을 타락의 구렁텅이로 빠져들게 할 우려가 있기 때문이다.

그러나 막스 베버에 따르면, 칼뱅파의 예정설이 오히려

자본주의를 발전시켰다고 주장했다. 예정설은 구원을 받기 위해 열심히 노력하는 것을 포기하는 부작용 대신, 전능한 신에게 구원받기로 정해진 사람임을 증명하기 위해 더욱 금욕적으로 자신의 일에 매진하는 모습을 보이는 긍정적 효과가 컸다는 것이다.

남들이
알아주지 않아도

직장에서도 마찬가지다. 많은 직장인의 노력과 성과가 바로 승진을 의미하지는 않는다. 심지어 승진자는 따로 있다고 말하기도 한다. 인사권자와의 학연, 특정 부서 출신이나 특정 라인이 승진하게 돼 있다는 인식이 확산되면 기업의 성과에 악영향을 미친다고 생각할 수 있다. 그러나 실제로는 그렇지 않을 수도 있다.

나는 승진하기로 예정돼 있는 사람이라는 생각을 가진 자가 많기 때문에 이들은 자신의 능력을 정당화하기 위해 열심히 노력할 것이고, 이들이 기업의 성과를 크게 책임질 것이기 때문이다. 열심히 노력하면 승진할 것이라는 공정한 인사평가 기준을 신봉하며 기대하는 사람이 있다면 너무 큰 기대를 하지 않는 것이 좋다. 대신 승진하는 사람은 미리 정해져 있다고 생각하는 것이 정신건강에 좋다. 최선을 다해 노력하다가 승진하면 기분 좋은 것이고 당신이 바로 승진예정자였음을 확인하면 된다. 승진하지 못한다면 크게 기대하지 않았기 때문에 크게 분해하거나 실망할 일도 아니다.

노력 정당화의 배경에는 '노력은 배신하지 않는다'라든지, 고난과 역경 속에서도 남들이 알아주지 않아도 착한 마음으로 묵묵히 열심히 노력하면 언젠가는 세상으로부터 보상받으리라는 '공정한 세상 가설'Just-World Hypothesis, 또는 '공정한 세상의 오류'Just-World Fallacy의 세계관이 자리잡고 있다.

1만 시간의 배신

노력은 반드시 보상받는다는 순진한 생각은 말콤 글래드웰이 《아웃라이어》에서 소개한 '1만 시간의 법칙'과 함께 종종 언급된다. '누구든 무언가에 1만 시간을 투입하기 전까지는 전문가가 되지 못한다고 불평하지 마라'는 가르침이다. 말콤 글래드웰은 노력의 중요성을 언급하면서 천재 모차르트도 노력했다고 말하지만, 사실 솔직히 말해서 누구나 노력하면 모차르트처럼 음악천재가 될 수 있는 것은 아니다. 천재인 모차르트도 스스로 만족하지 않고 노력을 게을리 하지 않은 것이지 1만 시간의 노력이 모차르트를 천재로 만든 것은 아닌 것이다.

99퍼센트의 노력과 1퍼센트의 영감을 주장한 것으로 알려진 에디슨도 사실 그의 주장의 핵심은 노력의 중요성을 말하고자 한 것이 아니라 99퍼센트의 노력은 누구나 하지만 아무나 천재가 될 수는 없다는 메시지를 전하고자 한 것이었다.

어떤 일에 1만 시간을 투자할 수 있다는 것은 그 일이 매우 즐겁고 행복할 때 가능하다. 즐겁고 행복한 일은 잘 할 수밖에 없다. 전문가가 안 되더라도 투자한 1만 시간이 아깝지 않을 것이다. 그걸로 됐다.

어떤 분야에서, 예를 들면 부와 명예, 권력, 사회적 지위 면에서 성공한 사람들에게는 성공에 이르기까지 피나는 노력이 있었을 것이다. 하지만 그렇다고 해서 인생에서 실패한 사람들은 그만한 노력이 없었기 때문이라고 말할 수 있을까? 그렇다면 전쟁과 기근, 차별, 박해로 인해 받는 고통은 노력을 게을리 해 받는 당연하고 공정한 보상일까? 나치에 의해 학살당한 600만 명의 유대인들은 독일의 일반 시민보다 삶의 노력을 게을리 했던 것일까? 아프리카에서 굶주리는 사람들은 도대체 무슨 노력을 하지 않은 것일까.

인생이 공평하지 않은 이유

노력과 성공이 정확한 함수관계와 인과관계로 이어지는 세상이 온다고 상상해 보자. 이 얼마나 삭막한 세상인가. 그 어떤 운이나 예외도 없는 세상, 죽도록 일하는 것 외에 그 어떤 기대와 여유도 없는 세상.

나의 성공여부에 그 어떤 변명의 여지도 없는 세상이라면 그런 세상은 상상조차 하기도 싫은 끔찍한 일이다. 그래서 열심히 노력하면 누구나 성공하는 세상보다는 열심히 노력하면 어쩌다 성공할 수도 있는 세상, 가끔은 열심히 노력하지 않아도 성공의 우연이 주어지는 세상이 난 더 좋다.

인생이 공평하지 않은 이유는 성공에 대한 게임의 룰이 정해진 것이 없기 때문이다. 태권도 금메달리스트가 동네 '양아치'들과 싸워서 반드시 이긴다는 법은 없다. 금메달리스트는 상대방의 사타구니를 걸어차거나 눈에 흙을 뿌려

이기려고 하지는 않을 것이기 때문이다. 모든 역사가 승자의 역사이듯이 세상은 일단 성공하게 되면 성공한 사람에 관대하다. 그러니 승자를 공정한 노력의 결과로만 해석하지 않는 것이 좋다.

인고의 착각에서 벗어나기

이해인 수녀님은 《기다리는 행복》에서 연로해 건강이 쇠약하진 언니 수녀님을 생각하며 다음과 같이 쓰셨다.

"언니는 기회가 있을 때마다 당신 몫으로 수녀원에서 받은 과자나 과일을 안 먹고 모아두었다가 동생인 나에게 보내주곤 했다. 평생 밖으로 나올 수 없는 봉쇄수도원에 계시는 언니에게 나는 종종 예쁜 카드나 문구를 모아두었다가 선물로 보냈는데, 언니는 무언가 보답하고 싶지만 달리 방법이 없어 그런 극기의 선물을 보내는 듯하다. 사랑은 역시 내리사랑이다. 꽃다운 나이 스물셋에 입회해 어느덧 팔십대가 되신 언니는 몸이 약해 자주 쉬어야 하고 잘 먹어야 하는데 언니가 극기한 과일을 받아먹을 적마다 마음이 찡해온다. 내가 어디서 중요한 강의를 해야 하는데 걱정이 되니 기도를 해달라고 부탁하면 '어쩌다 한 번씩 여기도 커피를 마시는 즐거움이 있는데 너를 위해 당분간은 안 먹는 희생을 바칠게' 한다. 기도에는 작은 극기가 따라야 좋고, 사랑은 희생을 먹고 자라는 열매임을 아는 터라 요즘은 누가 나에게 기도를 부탁하면, 남모르게 작은 희생이나 극기를 바치려고 애쓰고 있다. 사실 마음만 먹으면 작은 희생의 기회는 도처에 널려 있다."

사랑하는 사람을 위한 인고의 착각은 아름다운 것이라는 생각이 든다. 수녀님과 같은 남을 위한 인고의 착각은 평범한 나는 포기했다. 하지만 이제 육십이 돼가면서 나는 나를 위한 인고의 착각에서 벗어나기로 했다. 지금 행복하지 않으면 남은 인생 행복을 느낄 수 있는 날이 얼마나 될까? 생각해보면 지금 행복하기에도 바쁘다.

이기적편향

Self-serving Bias

남에게 손가락질하기 전에

네 손이 깨끗한지부터 확인하라.

_밥 말리

성공의 원인은 자신에게 돌리고, 실패의 원인은 타인이나 외부로 돌
리는 경향.

"우리가 이겼다"
"그들이 졌다"

고슬링Gosling의 연구를 보자.

교사들을 대상으로 학생 성적이 좋은 때, 또는 나쁠 때 그 원인에 대해 질문했다. 학생 성적이 좋을 경우 교사들은 그 원인을 교육자로서의 자질, 우수한 교수법 등 자기가 잘 가르쳤다는 데서 원인을 찾는 경향이 높았던 반면, 성적이 나쁜 경우에는 학생의 학습능력이나 가정환경 등 교사와 관계가 먼 외적 요인에서 찾는 경향이 높았다.

패트리샤 크로스Patricia Cross가 1977년 네브라스카대 교수진을 대상으로 한 실험에서 대학 교수진 가운데 94퍼센트는 자기가 평균 이상으로 잘 가르친다고 평가했다. 자신의 능력을 평균 이상으로 평가하는 것으로 조사됐다.

우리는 성공했을 때 성공의 원인을 자신의 능력, 자질, 노력 등 자신의 내적요인에서 찾는 반면, 실패원인은 불운이나 다른 사람들의 비협조 같은 외적요인으로 돌리는 경향이 있다.

인간은 자존심이 훼손당하지 않는 쪽으로 사실을 해석하려는 경향이 있는 것이다. 애리조나주립대 학생들을 대상으로 학교 스포츠팀이 이겼을 경우와 졌을 경우 그들이 그 사실을 어떻게 말하는지 조사했다. 경기에서 이기면 학생들은 "우리We가 이겼다"고 말하는 반면, 지면 "그들They이 졌다"라고 표현하는 경우가 많았다.

내로
남불

주주에게 배포하는 애뉴얼 리포트의 CEO편지에서 한 해 기업의 성과가 좋으면 자신을 비롯한 경영진과 직원의 능력과 노력에서 원인을 찾는 비중이 높은 반면, 실적이 좋지 않으면 외부 경영환경의 악화를 언급하는 비중이 커지는 사례를 쉽게 목격할 수 있다.

학생들의 경우에도 마찬가지다. 시험성적이 좋게 나오면 내가 열심히 공부한 것이고, 성적이 나쁘게 나오면 시험문제가 시험범위 밖이었다거나 이상하게 출제된 것으로 탓을 돌린다.

농구경기에 출전한 선수들을 대상으로 자신이 팀의 승리에 기여한 비중을 물으면 그 합계는 100퍼센트가 훨씬 초과하게 마련이지만, 반대로 팀이 패배한 경우 자신이 팀의 패배에 기여한 비중을 묻게 되면 그 합은 100퍼센트를 밑

돈다. 한 연구에 따르면, '나는 조직에 평균 이상을 기여하고 있다'고 생각하는 사람의 비율은 50퍼센트가 아닌 95퍼센트에 달했다.

하버드 경영대학원 프란체스카 지노 교수의 조사에 따르면, 테레사 수녀가 천국에 갈 자격이 충분하다고 생각하는 사람은 79.7퍼센트에 이르는 반면, 자신이 천국에 갈 것이라고 생각하는 사람은 87퍼센트에 달하는 것으로 나타났다. 일반적으로 사람들은 자신에게는 매우 관대한 특성이 있다. 내가 불법주차나 장애인구역에 주차하는 것은 급한 사정으로 어쩌다 한 번 어쩔 수 없는 경우라 생각하지만, 타인의 불법주차는 상습적이고 몰염치한 행동으로 평가한다.

정신건강상으로는
좋은 표시

당신이 일하는 회사에서 전사적으로 야심차게 기획한 신상품이 시장에서 실패로 끝났다고 하자. 당신 회사의 TV 광고가 영 주목을 받지 못한 것에도 원인이 있다고 가정하자. 이때 당신이 "우리는 신상품 개발에 실패했다"거나 "우리 회사 광고는 왜 그 모양이지?" 하고 말한다면 당신의 조직엔 아직 희망이 있다.

하지만 '우리'라는 말 대신 "상품개발부, 광고팀에서는 하는 일이 왜 그 모양이지?"라고 말한다면 당신 회사에는 분명 문제가 있는 것이고, 당신에게도 일부 책임이 있다고 할 수 있다.

어느 정도의 자기만족편향은 정신건강에는 좋은 표시일 수도 있다. 늘 열등감에 사로잡혀 불행해 한다거나 낮은 자존감으로 고통 받는 사람이나 우울증에 걸린 사람들은 이러한 자기만족편향이 부족할 수 있다.

아무리 제 잘난 맛에 산다지만 이른바 '자뻑'이 적절한 수준에서 주위에 민폐를 끼치지 않도록 균형감을 가지는 것이 필요하다. 특히, 무엇인가에 실패한 경우 실패를 통해 교훈을 얻고 다시 같은 실수를 반복하지 않기 위해서는 그 원인을 안팎에서 정확히 판단할 줄 알아야 한다.

세멀바이스의
자백

대부분의 조직에서는 실패 자체를 인정하지 않고, 인정하더라도 원인을 통제 불가능한 외부 요인으로 돌리는 경향이 있다. 실패에 대해서는 쿨하게 인정하고 변명하지 않는 자세가 필요하다. 어쨌든 나는 남보다 현명하고 양심적이며 희생하고 있다는 생각은 당신뿐 아니라 모든 사람의 생각일지도 모른다.

1800년대 중반 오스트리아 산부인과 원장 세멀바이스는 자기 병원에 입원하는 산모의 사망률이 다른 병원에 비해 월등히 높다는 사실에 의문을 품고 한 달간 타 지역의 병원들 사례를 조사하러 다녔다.

그런데 이상하게도 자신이 자리를 비운 한 달간 산모의 사망률이 뚝 떨어져 있음을 확인하고 원인을 찾아본 결과, 원장을 중심으로 병원의 의사들이 해부 연구를 위해 사체를 부검할 때 산모가 들어오면 아무런 세정 과정 없이 출산을 진행해 온 것과 연관성이 있을 것이라고 의심하게 됐다. 이후 의사들은 철저한 위생관리의 중요성과 이전에 몰랐던 병원균에 대해 연구하는 계기를 마련하면서 질병 치료에 기여하게 됐지만 세균에 대해 무지했던 당시에는 의사가 문제의 원인이 될 수 있다는 그의 주장에 동료의사들의 비웃음과 배척의 대상이 되었고 그는 의사사회에서 매장당하고 말았다. 문제의 원인이 나에게 있을 수 있다는 생각은 이처럼 받아들이기 어려운 것이다.

자기관찰의
착각

사람들은 자신을 관찰하는 시선은 순수하고 정직하고, 옳은 것으로 생각하는 데 반해 타인의 자기관찰 결과는 이기적이고 아전인수격이기 때문에 신뢰할 수 없다고 생각한다. 이를 '자기관찰의 착각'Introspection Illusion이라고 한다. 내가 지각한 것은 늦게까지 회사를 위해 야근하면서 과로한 탓이니 정당한 것이고, 부하직원이나 동료의 지각은 분명 밤새 술 먹고 노느라 그랬을 거라 생각한다.

다른 누군가가 나와 다른 시각을 가지고 있을 때 우리는 보통 그가 잘 모르고 있다거나 그가 가진 정보는 불충분하거나 잘못된 정보일 거라고, 또는 나와 같은 정보를 가지고 있더라도 그의 지적능력과 정보 해석력은 나보다 못할 것이라고 생각한다. 심지어 그의 동기가 이기적이고 사악하기 때문에 나의 시각과는 다른 것이라고 생각한다.

한때 타인을 비방했던 정치인이 시간이 지난 후에 같은 이유로 타인에게 공격받는 경우를 종종 본다. 이때 타인이 한 것은 나쁜 의도로 저지른 범죄행위지만 자신이 한 행동은 일반적인 관행이었고 나쁜 의도가 없었다고 해명하는 사례를 종종 본다.

당신이 불의를 참지 못하고 강한 정의감에 불타오를수록 더욱 자신에 대해 회의적이고 비판적일 필요가 있다. 남을 도덕적으로 비판하기 앞서 내가 그 입장이었다면 틀림없이 그러지 않을 것인가 자신에게 되물어가며 살자.

잘못된 일치 효과

False Consensus Effect

우리는 자기중심적 프레임 때문에

다른 사람들도 나와 같을 것이라고 생각한다.

그러면서 그것이 사실이라고 착각한다.

_최인철의《나를 바꾸는 심리학의 지혜, 프레임》중에서

자신이 가진 신념, 의견, 선호, 가치, 습관들을 남들도 나와 동일하게
가지고 있을 것이라고 과도하게 평가하며 나와 같지 않으면 상대방
이 비정상적이라고 생각하는 인지편향

CEO가 광고모델을
선택하는 것의 함정

스탠퍼드대 로스_{Ross} 연구팀의 1977년 실험을 보자.

피험자들에게 두 가지 행동이 가능한 시나리오를 읽게 한 후 그 가운데 하나를 선택하게 하고, 자신과 같은 선택을 하는 사람들이 얼마나 될지 추측하게 했더니 실험 결과 각각의 피험자들은 다른 사람들도 자신과 동일한 선택을 많이 했을 것이라고 추측하는 경향을 보였다. 잘못된 일치 효과는 일상생활에서 종종 목격된다.

[1] 당선 가능성 없는 선거에 나가 어이없는 득표율로 참패했던 경험자의 인터뷰를 보면 "나는 틀림없이 될 줄 알았어요. 주위에서 다 당선 될 거라고 말했고요. 이렇게 어이없는 참패는 예상 못했어요"라고 말한다.

[2] 야심차게 기획한 신상품이나 프로모션이 시장에서 외면 받는 경우 상품 개발자들은 머리를 긁적인다. '어찌 이것이 이렇게 실패할 수 있지? 어떻게 사람들이 이 상품을 안 좋아할 수가 있는 거야? 얼마나 좋은 상품인데 사람들은 왜 그걸 모르지?' 하고 의아해한다.

[3] 목표 시장에서의 대중의 호감도나 모델의 인지도 등에 대한 객관적인 분석 없이 광고주 개인이 선호하는 광고모델을 선정하는 경우도 종종 기업에서는 발생한다. 최고의사결정자의 툭 던지는 한마디 때문이다.

"A라는 사람, 모델로 쓰면 어때? 다들 이 사람 좋아하지 않나? 요즘 다들 좋아하는 것 같던데…"

당신만
그렇다

우리는 자신의 생각과 타인의 생각이 일치하는 정도를 심하게 과대평가하는 경향이 있다. 유사한 개념으로, '허구적 일치성 편향'이라는 용어가 있다. 대부분의 사람이 자신의 취향, 견해, 신념을 가지고 있으리라고 착각하는 현상을 말한다.

특히, 자신의 나쁜 행동이나 습관은 실제보다 보편적으로 생각하는 경향이 있다. 장애인 주차구역에 불법주차 하면서 "여긴 장애인 별로 안 살아, 남들도 다 여기다 주차해."라고 생각하거나 "대한민국에 정직하게 세금 다 내고 사업하는 사람 있나? 이건 탈세가 아니라 남들도 다 하는 절세야",

"남자치고 바람 한두 번 안 피운 사람이 어디 있겠어? 나만 그런 거 아니야" 하는 식의 생각하는 것이다.

내부경쟁이 심한 조직에서 영업성과 극대화를 위해 정도에서 벗어난 실적 쌓기 위주의 편법 영업이 벌어지는 것도 마찬가지다.

"남들도 다 이렇게 할 거야, 안 하면 나만 손해지."

당신의 잘못됨을 일반화, 보편화해선 안 된다. 남들도 다 그런 것이 아니라 당신만 그렇다. 당신 같은 사람 몇몇이 그러는 바람에 남들도 당신을 따라하는 것이다.

주인 배부르면
머슴 배고픈 줄 모른다

"딸, 너 배고프지? 뭐 좀 해줄까?"

아내가 물으면 딸은 대답한다.

"난 아닌데…. 엄마가 지금 배고프구나."

우리 집에서 종종 하는 대화다.

시코티Ciccotti는 '내 배가 부르면 남의 배고픔을 알지 못한다'는 사실을 증명했다. 대학 구내식당에서의 실험을 통해서였다.

식당에서 줄을 서 있는 사람들 식사 전 배가 고픈 사람들과 식사를 다 하고 나온 사람들 식사 후 배부른 사람들을 대상으로 한 남자 사진을 보여주며 그 사람의 허기 정도를 1에서 10까지 점수를 매겨보라고 했다. 실험 결과, 식사 전 배고픈 사람들은 식사 후 배부른 응답자들보다 사진 속 남자의 허기 정도가 더 심하다고 평가했다.

우리는 우리 자신의 욕구가 어느 정도 충족됐느냐에 따라 타인이나 주변의 상황을 과장되게 평가하거나 과소평가한다. 엄마가 자기 배가 고프면 아이에게 먹을 것을 더 많이 주게 되는 것이다.

조직의 리더도 마찬가지다. 빵을 달라고 외치는 민중에게 "빵이 없으면 케이크를 먹으면 될 텐데, 웬 난리지?" 하며 의아해하는 마리 앙투와네트가 아닌지 생각해 봐야 한다. 운전기사가 딸린 안락한 승용차로 출퇴근하는 고위직은 대중교통으로 출퇴근하는 직원의 고통을 과소평가한다. 명문대를 나온 부모는 자식이 겪는 공부의 어려움을 이해하지 못한다. 부유한 국회의원이 서민의 아픔을 대변할 수 있을까 의문이 드는 이유다. 내 배가 부르면 타인의 배고픔은 그저 한 끼 단식이 건강에 좋은 것으로 느껴지며 과소평가하게 된다. 내 등이 따듯하면 추운 사람의 고통은 시원해서 상쾌하겠거니 정도로 생각한다.

고인이 된 영문학자 장영희 교수는 "문학이라는 것은 주인공의 인생을 그의 입장에서 이해하고 노력하는 것"이라 말했다. 문학작품을 많이 접하는 것은 다양한 주인공의 삶에 몰입해 보며 타인의 입장에서 세상을 보고 다양성과 시각의 폭을 확대하는 데 도움이 된다.

상사나 부하직원이 당신과 다른 생각을 하고 당신의 진심을 이해해주지 못한다고 노여워하거나 슬퍼하지 말라. 천재화가 고흐도 당대에는 그의 예술세계를 이해하는 사람이 없었다. 생전에 단 한 개 작품만 팔렸고, 사람들은 그를 자신이 화가인 줄 착각하는 미치광이라고 여겼다. 그의 천재성은 사후 100여 년이 지나서야 인정받았다. 그의 예술은 당대의 인류를 위한 것이 아니라 후대를 위한 것이었다.

당신의 신념이나 생각을 타인에게 이해받지 못한다고 좌절하지 말라. 당신은 둘 중 하나다. 동시대의 아둔한 사람이 이해하지 못하는 시대를 앞서가는 선지적 인물이거나 시대에 뒤떨어진 잘못된 일치효과에 사로잡힌 희생양이거나. 둘 중 어느 쪽인지 판단은 당신의 몫이다. 당신과 다르게 생각하는 사람이 다 바보천치는 아닐 수도 있기에…

아무튼 아내가 배가 부르면 제 시간에 저녁식사가 차려진다는 보장이 없다. 그땐 당신이 나서서 식탁을 차려야 한다.

영역의존성

Domain Dependency

망치를 들고 있는 사람은

모든 문제가

못으로 보인다.

모든 영역에서 뛰어난 능력을 발휘하는 사람은 없다.

전문가의
사생활

  1990년 '포트폴리오이론'으로 노벨경제학상을 수상한 해리 마코위츠. 정작 자신의 재테크는 '주식 50퍼센트, 채권 50퍼센트'로 너무도 단순했다. 사단 병력을 지휘하는 카리스마 넘치는 용맹한 장군도 집에서 아내와 아이들에겐 쩔쩔매며 리더십이 먹히지 않을 수 있다.

  남의 건강을 돌보며 조언해 주는 의사집단은 흡연과 음주인구의 비율이 높은 직업군이다. 영화평론가들이 영화를 만들면 대박이 날까? 베토벤 등 전설적인 작곡가를 비난했던 음악평론가는 그들보다 뛰어난 작품을 만들었을까? 문학비평가들이 소설을 쓴다면 노벨문학상을 받을 수 있을까? 경기 내용을 비판하는 스포츠 중계 캐스터를 구장이나 코트에 감독으로 투입하면 승리할 수 있을까?

  그럼에도 우리는 이러한 전문가들이 모든 분야에서 뛰어날 것이라고 과도하게 믿는 경향이 있다. 정작 고객과의 금융재테크상담을 업으로 하면서도 정작 자신은 주식이나 투자상품은 물론 부동산이나 재테크에는 관심을 두지 않고 직장에서 열심히 일만해 온, 가진 것은 집 한 채가 전부인 은행원도 많다.

우리는 흔히 글 잘 쓰는 사람이 말도 잘할 것이라고 생각한다. 글 잘 쓰는 작가에게 이런 기대감이 있는데, 실제로는 글을 잘 쓰는 것과 말을 잘하는 것은 큰 상관관계가 없다. 요리사가 집에 가면 풍성한 식탁을 차릴 거라 생각한다. 조직에서 영업력이 탁월한 사람이 기획력도 뛰어날 것으로 생각한다.

영역의존성 타파
융합형 인재

망치를 들고 있는 사람은 모든 문제가 못으로 보인다. 해외에서의 경력에 자부심 있는 사람은 CEO로 선임되면 글로벌 경영을 강조하고, 리스크 전문가는 리스크 관리를 경쟁력의 1순위로 꼽을 확률이 높다. 영업 현장에서 잔뼈가 굵은 사람은 CEO가 되면 영업이 강한 조직을 만들겠다고 선언할 가능성이 높다.

자신의 손에 망치를 들고 있음에도 박아야 할 못을 보지 못하거나 있는 못을 제대로 박지 못한다면 이는 매우 안타깝고 불행한 일이다. 하지만 모든 문제에서 망치를 해결책으로 생각해서는 안 된다. 이 투수 출신 감독이 왔다고 투수에만 신경을 쓴다면, 또는 홈런타자 출신 감독이라고 장타율 향상에만 신경 쓴다면 그 팀이 시리즈에서 우승할 확률은 낮다. 결정적인 승부는 평범한 타구에 대한 수비 실책이나 주루 플레이 미숙, 번트 실패 같은 실로 다양한 요인에서 비롯되기 때문이다.

최근 학문간 연계를 통한 '융합형 인재'라는 말을 많이 한다. '일머리' 중 영역의존성을 얼마나 잘 허무느냐가 많은 것을 차지한다고 생각한다. '탁상공론'이나 '헛똑똑이'의 무능을 떠올려 보라.

자기선택적편향

Self-selection Bias

이 세상에 행복해 보이는 사람이 많은 것은

그들이 다 지나가는 사람들이기 때문이다.

_기욤 뮈소

확률적으로 근거가 없음에도 불행한 일이 생기면 자신에게 그런 사
건이 발생할 확률을 과도하게 높게 평가하는 경향.

나만
머피야

내가 서 있는 슈퍼마켓의 계산대 줄은 항상 더디다. 내가 집을 사면 집값이 떨어지고, 집을 팔고나면 집값이 치솟는다. 내가 가는 차선은 늘 차가 막힌다.

사람들은 나만 불운하다는 생각에 세상을 원망하는 습성이 있다. 하지만 좋을 일이 생길 때는 그것은 그저 평범하고 공정하며 당연한 일에 불과한 것이지 나만 운이 좋다는 반대의 생각은 좀처럼 하지 않는다.

이렇듯 사람들은 확률을 따져보지도 않고 자신이 특별히 선택받았다고 착각하는데, 이를 '자기선택적편향'Self-selection Bias이라고 한다.

내가 선 줄은 항상 다른 줄보다 느리다는 피해의식으로 인해 패스트푸드점이나 은행에서는 카운터마다 줄서기보다는 '한 줄 서기'가 더 공정하다고 생각하고, 어디가나 번호표 시스템이 없으면 불안해하고 불공정을 의심하게 된다. 서비스를 제공하는 업체들은 과도한 공정함을 제공하려고 노력하지만 소비자들은 여전히 마음의 평화와 여유를 느끼지 못한다.

스포트라이트
효과

자기 자신에 대한 과도한 민감성을, 다시 말해 실제 이상으로 다른 사람들이 자신을 주목할 것이라고 생각하는 현상을 우리는 '스포트라이트효과'Spotlight effect라고 부른다. 마치 자신이 스포트라이트의 조명 아래에 서 있다는 착각이다. 다른 사람들이 자신의 외모나 행동에 대해 가지는 관심의 정도를 실제보다 과장해서 생각한다든지, 당신의 자그마한 실수를 다른 사람들이 다 알고 있으리라 착각하는 것들이 이러한 현상의 사례다.

코넬대 심리학과 교수 토마스 길로비치는 아주 재미있는 실험을 했다. 사람들로 가득찬 방 안에 피실험자 혼자 보기에 민망한 그림이 새겨진 티셔츠를 입고 강의실 앞문을 열고 들어가게 했다.

피실험자는 대다수의 학생이 자신이 입은 민망한 티셔츠를 기억할 것이라고 예상했으나 조사 결과 강의실 안에 있던 20퍼센트 정도의 사람들만 티셔츠를 기억했다. 추가적인 실험으로 젊은이들이 좋아하는 세련된 티셔츠를 입고 전과 같은 방식으로 한 사람을 들어가게 하고 난 후, 사람들의 기억을 조사한 결과는 단지 10퍼센트 이하의 사람들만이 티셔츠 그림을 기억할 뿐이었다.

떨지마
쫄지마

우리가 어떤 실수를 했을 때 그 실수는 사실 우리가 생각하는 것만큼 그렇게 심각한 것이 아니다. 아침에 무슨 옷을 입고 나올까 고민하는 만큼 다른 사람들은 당신이 무엇을 입었는가에 관심 쏠 여유가 없다.

당신의 차가, 당신의 골프채가, 당신의 스마트폰이 최신 기종이 아니라서 당신을 불쌍하게 볼 것이라는 생각은 거두시라. 반대로도 마찬가지다. 당신이 걸친 명품 옷을 지나가는 사람들이 알아볼 것이라고 생각하며 어깨에 힘이 들어갈 필요는 없다.

로비에서 어쩌다 우연히 마주친 사장님의 시선이 당신의 다음번 승진에 큰 영향을 줄 것이라고 떨지 마라. 너무 심하면 인생이 피곤해진다. 다른 사람은, 대부분의 정상적인 사람은 자신의 일, 자신의 문제를 생각하느라 당신에게까지 관심을 가질 시간이 없다. 비록 관심을 보였다 하더라도 잠시 후에는 휘발돼 그들의 기억에 남지 않을 것이다.

**칵테일파티
효과**

　시끄러운 곳에서도 내 뒷담화는 잘 들린다. '칵테일파티
효과'란 인지과학자 콜린 체리Colin Cherry가 주창한 이론으
로 칵테일파티에서처럼 사람들간의 대화로 잡음과 소음이
많은 상황 속에서도 본인이 관심과 흥미를 느끼는 이야기
는 선택적으로 들을 수 있는 현상을 말한다. 칵테일파티효
과는 자기에게 의미 있는 정보만 선택적으로 받아들이는 '
선택적 지각'selective perception 덕분이다. 선택적 지각에 의해
사람들은 관심 있거나 익숙한 소리를 더 쉽게 들을 수 있다.
　2013년, 캐나다 퀸스대 연구팀은 18년 이상 결혼생활을
유지한 커플을 대상으로 진행한 연구 조사 결과, 오랜 시간
연인 관계를 유지하거나 결혼한 사람들은 시끄러운 장소에
서도 상대방의 목소리를 잘 알아들을 수 있다는 것을 밝혀
냈다. 실험에 참여한 사람들은 한 번에 3명의 목소리를 동
시에 들었다. 남편 혹은 아내가 포함돼 있거나 3명 모두 낯
선 사람인 경우 등을 나눠 진행한 실험에서 남편 혹은 아내
의 목소리가 포함돼 있을 경우 특정 정보를 더 정확히 기억
할 수 있는 것으로 나타났다. 참가자들은 배우자의 목소리
를 잘 듣고 잘 집중하는 모습을 보였다.

칵테일파티효과와
마케팅

　인간은 자신과 관계없는 청각 정보는 전혀 듣지 못한 채 한 번에 하나의 대화에만 집중할 수 있지만, 자신의 이름을 비롯한 몇 가지 말은 그러한 인식 장치를 뚫는 힘을 가지고 있는 것으로 밝혀졌다. 스마트폰도 그 점에선 인간 능력에 훨씬 못 미친다. 사람은 소음이 심한 곳에서도 칵테일파티 효과 덕분에 원하는 소리를 골라 들을 수 있지만 음성인식 기능을 탑재한 휴대전화는 아직 그것이 어렵다고 한다.

　일상생활에서 벌어지는 칵테일파티효과의 사례에는 아파트의 층간소음의 문제를 들 수 있다. 때로는 폭력과 살인으로까지 이어지는 층간소음 문제는 소음 실태를 조사해 보면 고통을 호소하는 피해자의 말과는 달리 사실 엄청난 소음이 아닌 경우도 있다. 이는 소음이 주는 스트레스가 사람마다 달리 적용되기 때문이기도 하지만 층간소음이 한번 스트레스로 각인되면 이후 아주 작은 소리도 유독 크게 들리게 되어 민감하게 반응하게 되기 때문이다.

　다른 사람의 행동을 선택적으로 받아들이는 태도에도 칵테일파티효과가 적용된다. 열등감이 심하거나 피해의식이 깊은 사람들은 타인의 무의식적 행동을 오해하는 경우가 많다. 그냥 친절함의 표현으로 웃는 사람을 마치 자신을 비웃은 것처럼 보고 좌절하거나 분노하는 경우가 그렇다.

자신의 이름이 언급된 타인의 대화에서 열등감이 심한 사람들은 자신을 험담하는 것이라고 착각하고 크게 상처받을 수 있다. 이런 선택적 지각의 문제는 대인관계에서도 심각한 문제를 낳을 수 있다. 선택적 지각이 심해지면 망상증 환자가 되기까지 한다.

평균에 낮이면

칵테일파티효과는 마케팅에서도 활용된다. 이른바 개인화된 마케팅이 그렇다. 이메일을 확인할 때, 고객의, 즉 자신의 이름이 들어간 메일 제목에는 먼저 눈이 가게 마련이다. '○○○ 고객님을 위해 특별히 제안드리는 상품!' 같은 문구의 메일은 구매 확률을 높인다. 광고의 홍수 속에서 소비자의 선택적 지각을 끌어내야만 하는 광고제작자에게 칵테일파티효과는 매우 중요한 의미를 갖는다.

그러나 최근 개인정보의 중요성이 높아지고 있어 광고성 메시지에 자신의 이름이 들어가는 경우 불안감과 불쾌감,

또는 혐오감을 느낄 확률이 높다. 개인 맞춤이 초래할 위험성에 대해 숙고하는 것이 좋다.

여러 실험 결과, 특정 브랜드의 제품을 좋아하거나 구입했거나 구입하려고 하는 사람들은 그 브랜드에 대해 중립적인 사람에 비해 그 브랜드 광고를 지각할 가능성이 높은 것으로 나타났다.

칵테일파티효과는 인터넷을 통해서도 나타나는데 이른바 '인터넷칵테일효과'도 발생한다. 인터넷서핑 중에 필요하지 않은 정보는 유저가 의도적으로 감각기관을 차단해 검색을 회피하고 선택적인 키워드에 클릭하게 되는 현상을 말한다.

이를 위해 기업에서는 빅데이터 분석을 통해 개별고객의 성향을 파악하고 키워드 마케팅으로 개인화된 마케팅을 펼치기 위해 노력한다.

다시 자기선택적편향 얘기로 돌아가 자신만 유독 운이 없다라는 생각은 근거가 없다. 불운한 일에 왜 나만 그런가 투정한다고 나아질 것은 없다. 그보다는 내가 불운한 일을 겪지 않아야 하는 이유가 있는가 생각하는 편이 낫다.

공정한 세상 가설

Just-World Hypothesis

당신의 승진은

어쩌면 당신의 능력과

무관한 것일 수도 있다.

노력은 반드시 보상받는다며 고난 속에서도 묵묵히 일하면 언젠가는
공정하게 보상받을 것이라는 세계관.

노력천재라는
희망고문

"뿌린 대로 거둔다"고 하지만 거둔 것이 꼭 뿌린 결과인 것은 아니다. 콩을 심지 않았는데 콩이 자랄 수는 없다. 그러나 콩이 싹을 트지 않았다고 반드시 콩을 심지 않은 것은 아니다. 콩을 심었는데도 비가 오지 않아, 다른 동물이 파먹어서 수확하지 못한 경우도 있다.

아메리칸드림은 기본적으로 열심히 하면 성공한다는 관념이다. 긍정적이고 동기부여가 되는 좋은 관점이다. 그러나 이 문장을 바꾸어 쓰면 '성공하지 못했거나 가난한 사람은 열심히 일하지 않았다'가 된다. 이러한 생각은 실직자와 가난한 사람에 대한 전형적인 '피해자 탓하기'다.

천재 모차르트는 열심히 작곡하고 노력했다. 하지만 노력하면 누구나 모차르트 같은 천재가 될 수 있다는 것은 착각이다. 노력 덕분에 모차르트 같은 천재도 더 뛰어난 걸작을 작곡할 수 있었다 정도가 맞다. 아무리 노력해도 천재를 따라가지 못하는 사람이 있게 마련이다.

인정해야 한다. 노력으로 천재를 따라잡는 것이 공정한 세상이라는 생각으로 기울이는 노력은 안타깝게도 인생을 비참하게 만든다.

불공정한
생명의 탄생

성공은 오로지 노력에 의해 좌우되는 것이 공정한 사회라고 생각하고, 세상은 그렇게 공정해야 한다는 환상에 사로잡히면 오히려 조직과 사회를 원망하기 쉽다. 인류의 오랜 역사는 결코 공정하지 않았으며 과거에는 훨씬 더 공정하지 않았고, 앞으로도 당분간 완벽하게 공정하지 않을 것이다. 다만 더욱 공정한 사회를 만들어가기 위해, 후손들에게 좀 더 공정한 사회를 물려주기 위해 나부터 노력하는 것이 좋다.

이 땅의 모든 조직과 사회가 공평하다면 하위층에 있는 사람, 남들에 뒤지는 사람은 숨을 방법이 없다. 제도나 시스템의 문제가 아니라 온전히 나의 능력으로 성공이 결정된다면 그때는 나의 무능력을 부정하거나 변명할 수 없게 된다. 그러한 사회를 감당할 수 있겠는가? 나는 감당 못할 것 같다.

세상은 승자독식의 시대, 생명의 탄생과정부터 공정하지 않다. 수억 개의 정자 중에서 난자를 만나는 정자 한 마리는 억세게 운이 좋은 녀석이다.

침팬지 무리에는 '알파수컷'Alpha male이라 불리는 대장과 힘 있는 일부 수컷의 유전자를 보유한 침팬지가 86퍼센트를 차지한다고 한다. 대다수 수컷 침팬지는 암컷을 소유하지 못한다는 얘기다. 다른 포유류에서도 짝짓기 비율은 수컷 3대 암컷 7로 나타난다. 거의 모든 암컷은 자식을 갖지만 모든 수컷이 자기 자식을 남길 수 있는 것은 아니다.

승자가 암컷을 여럿 거느리는 것은 이로 인해 아버지의 강한 우성 유전자가 후대로 전해지도록 설계된 동물과 인류의 진화론적 법칙이다. 기독교가 등장하기 전까지는 인류도 많은 사회에서 강자가 아내를 여럿 거느리는 것이 보편적이었다.

이후 문명사회에서도 이슬람의 일부다처제를 비롯해 많은 사회에서 강자가 아내를 여럿 거느렸다. 중세시대 영주에게는 초야권까지 부여됐다. 인류의 전체 역사를 볼 때 평범한 남자가 자신의 가정을 꾸릴 수 있는 것은 오래되지 않았다.

세계적으로 1인 1표의 민주주의에 입각한 투표권이 부여된 것도 얼마 안 된다. 우리나라는 1948년 제헌헌법을 통해 1인 1표 시대에 들어갔지만 민주국가를 자랑하는 미국에서도 여성이 모든 주와 연방에서 투표권을 행사하게 된 것은 1920년에 개정된 미국의 수정헌법 제19조에 의해서다. 게다가 흑인이 문맹검사, 투표세를 내지 않고 투표에 참여할 수 있게 된 것은 1965년부터다. 일반 여성에게 투표권을 부여하게 된 것은 자유·평등·박애의 나라 프랑스도 1944년부터다.

> **보통의 성공 = 재능 + 운**
> **큰 성공 = 약간 더 많은 재능 + 아주 많은 운**

승자독식의 시대라는 비난에도 불구하고 오늘날 빌 게이츠나 비루한 거지나 모두 동일한 1표의 주권을 행사할 수 있다는 것은 기적이다. 과거 같으면 중요한 의사결정을 교황이나 브라만 등 성직자나 귀족에게 맡기지 않고 대중에게 국민투표로 맡긴다는 것을 상상조차 못했을 것이다.

그렇게 생각하면 이 세상은 참으로, 놀랄 만큼 공정해진 것이다. 그러니 바로 당장, 또는 내가 살아있는 동안 모든 불공정이 사라져야 한다고 너무 조급해하지 말자. 세상은 발전한다. 우리가 지금 누리는 당연한 것들은 누군가가 수천 년에 걸쳐 목숨을 바쳐 투쟁한 결과다.

카너먼은 《생각에 관한 생각》Thinking Fast and Slow에서 "보통의 성공= 재능Talent + 운Luck, 큰 성공 = 약간 더 많은 재능A little more talent + 아주 많은 운A lot of luck"이라고 말했다.

동료가 승진에서 누락된 섯은 그들의 능력이 당신보다 못해서가 아니다. 당신의 승진은 당신의 능력과 무관한 것일 수도 있다. 그들은 단지 당신보다 '운A lot of luck빨'이 없었을 뿐이다.

부익부 빈익빈
마태효과

조직에서의 불공정한 현상으로 이른바 '마태효과'가 적용되기도 한다. '마태효과'란 부익부 빈익빈 현상을 이르는 말로, 우위를 차지한 사람이 지속적으로 우의를 차지하게 될 확률이 높은 현상을 의미한다.

역량 있는 직원은 회사의 매우 중요한 프로젝트에 참여할 확률이 높다. CEO와 경영진의 적극적인 관심과 자원의 투여에 힘입어 프로젝트가 성공한다. 성공의 요인으로 프로젝트를 추진한 직원에게 과도하게 공이 돌아가고, 그 결과 다음에 또 다른 중요한 프로젝트가 부여된다. 그리고 그 성과에 힘입어 또 승진한다.

이와는 반대로 그렇지 않은 덜 중요한 일에는 경영진의 관심과 지원이 부족하다. 프로젝트의 성과가 기대이하로

미흡하거나 혹은 뛰어난 성과에도 주목하지 않는다. 주목받지 못하는 프로젝트의 원인이 프로젝트에 참여한 직원의 개인의 부족한 역량으로 오인된다. 그 결과, 차후 중요한 프로젝트에서 배제되고 승진에서 누락된다. 조직에서 이른바 '마태효과'가 적용되는 사례다.

일본 국민이 피해자인 한국인을 싫어하는 이유

세상이 정의롭다는 관점에서 좋은 사람에게는 좋은 일이, 나쁜 사람에게는 나쁜 일이 일어날 것이라고 믿는 세계관을 갖게 되면 나쁜 사람에게 좋은 일이 일어난다는 것을 받아들이기 어렵지만, 그 반대로 좋은 사람에게 나쁜 일이 일어난다는 것도 그가 가진 공정한 세계관을 위태롭게 한다.

세계관이 위태로워지면 그 세계관을 지닌 사람은 심기가 불편해지게 된다. 무고한 사람이 고통 받는 모습은 정의로운 세상에 대한 믿음과 부조화를 이루게 되는데 '피해자 탓하기'는 그러한 부조화를 줄여준다. 피해자는 그럴만한 이유가 있다는 생각이다. 세상이 정의롭다는 믿음이 강한 사람일수록 피해자를 탓할 가능성이 크다.

성공한 사람은 그만큼 노력해 왔다. 그 논리라면 실패한 사람은 뭔가 그만한 이유가 있을 거라고 생각하는 오류에 빠지기 쉽다. 그렇다면 범죄 피해나 심각한 질병으로 성공하지 못한 사람은 범죄나 질병이 본인 귀책사유인가?

사회심리학자 데이비드 마이어스는 "우리는 싫어하는 사람에게 상처 주는 경향만 있는 게 아니라 우리가 상처 준 사람을 싫어하는 경향도 있다"고 했다.

'내가 상처를 준 것은 그에게 무슨 문제가 있었기 때문이야.'

자신의 부당한 행동을 정당화하는 논리다.

'나는 괜찮은 사람인데 남에게 아무 이유 없이 상처 줄 리가 없지.'

인지부조화를 회피하려는 논리다. 그 편이 마음이 덜 불편하기 때문이다. '공정한 세상'이라는 가설 하에 일종의 '피해자 탓하기'다. 어쩌면 일본 국민이 일본제국주의의 피해자인 한국인을 싫어하는 이유에도 이러한 심리가 있을 수 있다. 한국이 일본의 식민지가 된 데는 그럴만한 충분한 귀책사유가 한국에 있다고 생각하는 것이다.

어떤 세상도 마냥 공정하지 않기에 노력한 만큼 성공이 보장되지는 않는다. 좀 더 공정한 사회를 위해 한 걸음 한 걸음 다가가는 노력을 이어가되 너무 조급하게 바라보거나 세상은 원래 공정한 것이 당연하다고 생각하지 말자.

세상이 공정하다는, 공정해야 한다는 환상에 사로잡히면 60억 인구 중 가장 성공한 단 한 명을 제외하고 나머지 사람은 '내가 저 친구보다 못한 것이 무엇인가' 하며 세상에 원망을 품고 살아갈 수밖에 없다.

한편, 공평과 공정의 반대 의미인 집단간 차별이 이질성에 의해 생겨나고 심화된다고 생각하기 쉽지만 실은 정반대로 동질성이 높기 때문에 발생하는 것이다. 인종차별이라는 것도 사실 인간이 하나의 종이기 때문에 생겨나는 동질성의 문제다. 실상은 나와 같고, 차이가 없는 사람이 나와 다르게 나타날 때 우리는 그 작은 차이에서 큰 스트레스를 느끼고 분노한다. 백인과 흑인 등 유색인종의 DNA의 차이, 독일 아리아족과 유대인과의 DNA의 차이가 없기 때문에 자존심이 허락하지 않는 백인과 독일 아리아족은 인종차별에 빠지는 것이다.

가면증후군

Imposter Syndrome

인간은 천 개의 가면persona을 가지고 있어

상황에 따라 적절한 가면을 쓰고 관계를 이어간다.

_칼 구스타프 융

높은 성취에도 자신의 성공이 능력이나 노력 때문이 아니라 운 때문이라고 평가절하 하는 심리현상. 이러한 증후군에 빠진 사람은 자신이 사실은 똑똑하거나 유능하거나 창의적이지 못하다고 믿으며 자신의 능력이 과대 포장돼 남들을 기만하고 있다고 생각하면서 주변사람들의 시선에 불안해한다.

사기꾼
신드롬

1978년 미국 조지아주립대 폴린 클랜스Pauline Clance와 수잔 임스Suzanne Imes는 겉으론 자신만만한 사람들의 자신감이 결여된 내면의 불안심리를 연구한 끝에 '가면증후군'Imposter Syndrome이라고 이름 붙였다. 그들은 대학 신입생부터 성공했다는 저명한 사람들까지 인터뷰한 끝에 그들이 충분한 실력을 가지고 있음에도 주변의 기대에 부응하기 위해 불안해 한다는 것을 알게 됐다. '가면증후군'은 '사기꾼증후군'으로도 불린다.

본인의 정당한 성취나 사회적 지위와 역할이 다 거품이고 과대평가된 것이라고 생각하며 그런 면에서 스스로 사기꾼이라고 느낀다. 자신은 능력이 아니라 운이 좋아 성공한 것이라고 생각하고 이를 들키지 않으려고 지나치게 성실하고 근면한 모습을 보이는 경향을 보인다. 이들은 회사에서 가장 먼저 출근해 가장 늦게 퇴근하고 궂은일을 하겠다고 자처한다. 그 결과 심한 경우 수면장애와 탈진으로 이어지기도 한다.

이러한 성향은 성공한 여성에게서 특히 많이 나타나는데, 나탈리 포트만이 하버드대 졸업식 축사에서 "자격미달인

나는 유명한 여배우라는 이유로 합격한 것에 대해 늘 스트레스를 받았고, 머리 나쁜 여배우가 아님을 증명하기 위해 너무 많은 시간과 노력을 기울였고, 일부러 어려운 수업만 들었다"고 가면증후군에 시달렸음을 고백했다.

가면증후군의 원인은 자신에 대한 지나친 기대다. 가면증후군을 가진 사람들은 자신에게 요구하는 기준이 굉장히 높고 완벽주의를 지향하며 스스로에 대한 생각이 지나치게 많은 경향이 있다.

착한아이 신드롬

타인의 시선을 과도하게 의식하지 말고 자신을 있는 그대로 수용하고 자존감과 자기애가 필요하다. '자기연민'Self Compassion을 갖는 것이 치료법이 될 수 있다. 다정다감한 목소리로 자신을 위로하는 것이다.

"너는 괜찮은 녀석이야, 너는 최선을 다했잖아, 잘못은 너에게 있지 않아" 하고 자신을 토닥여주는 것이다. 1인칭의 나가 아닌 자신의 이름을 사용해 자신에게 말을 걸어 보는 것이 효과가 높다고 한다.

'착한아이신드롬'Good Boy Syndrome이 있는데, 어른이 돼서도 자신의 감정을 솔직하게 표현하지 못하고 착한사람이라는 칭찬을 듣기 위해 자신의 욕구를 억압해 지나치게 노력하는 사람을 말한다. 어린 시절 착한 어린이가 되지 않으면 부모로부터 버림을 받을까 봐 그 두려움에 지나치게 매몰된 나머지 커서도 과도하게 착한 모습을 유지하며 타인에게 순종적인 습성을 갖게 되는 경우라 하겠다.

착한아이신드롬은 '착하지 않으면 사랑받을 수 없고 버림받을 것이다'는 두려움에서 생성된다. 어른이 돼도 변하지 못하고 타인의 눈치를 보고 타인이 하는 말에 집중하며 갈등 상황을 피하고 타인의 요구에 순응한다. 자신이 타인에게 착하게 행동하고 있는지, 타인도 그렇게 생각하는지 계속 눈치를 보며 확인한다. 타인의 기대에 어긋날 것에 대한 우려로 일탈을 용납하지 않는 정형화된 생활을 해나가는 과정에서 신경증, 불면증, 우울증, 무기력증을 겪는다.

이러한 콤플렉스에 빠진 사람들은 언제나 겉으로는 밝고 명랑한 표정을 지으려고 노력하고, 남의 부당한 요구나 사소한 부탁을 거절하지 못하고, 자신의 관리를 남에게 양보하거나 자신의 잘못이 아닌데도 사과하고, 규칙을 지키기 위해 과도하게 노력한다.

착한 아이는 자라면서 자신이 좋아하는 것이 무엇인지 생각하기보다는 부모님이 좋아하는 것은 무엇인지 생각하게 된다. 내가 생각하는 나의 장점이 무엇인가 생각하기보다는 선생님이 바라는 나의 장점이 돼야 할 것이 무엇인가를 중요하게 생각한다. 직장에 들어와 가정을 이루고도 계속된다. 내가 하고 싶은 일보다는 부양가족이 좋아할 것 같은 일, 직장에서 동료들과 상사들이 무엇을 좋아할까 생각한다. 이런 사람들은 주변으로부터 "인간성이 원만하다", "착하다", "희생정신이 강하다", "팀워크를 발휘한다", "배려심이 좋다"는 평가를 받는다.

우리는 사실 이런 사람들에게 감사해야 한다. 쓰레기를 버리지 않고 주워오는 사람, 절대로 불법주차 안 하는 사람, 장애인주차구역에 차 세우지 않는 사람, 욕설 하지 않고 고운 말만 쓰는 사람. 그들은 착한아이신드롬으로 고통 받는 사람일 수 있다.

웃는얼굴
신드롬

늘 밝은 모습을 유지해야 한다는 강박관념 때문에 슬픔이
나 분노같은 감정을 제대로 발산하지 못하는 '웃는얼굴신
드롬'Smile Face Syndrome 역시 주로 감정노동자들에게 발생
하는데 자신의 진솔한 느낌이나 감정표현 욕구를 철저하
게 억압하기 때문에 언제나 내면은 위축되고 우울한 감정
으로 가득 차게 된다.

사실상 CEO로부터 말단 사원까지 우리 모두는 집을 나
서는 순간 감정노동자다. 서로 상처받지 말고 상처 주지 말
아야 한다. 우리 모두는 누군가의 딸, 누군가의 아들일 뿐
만 아니라 누군가의 아버지이며 어머니다. 우리 모두 알고
보면 '스마일마스크신드롬'으로 고통 받는 사람일 수 있다.

비겁한 자신을
위한 호신술

친절과 미소는 인간관계의 최대의 덕목이라 하겠다. 법
정 스님께서도 "최고의 종교는 친절과 칭찬"이라고 하셨
다. 그러나 나 자신하게 친절하고 나 자신을 칭찬하기는 쉽

지 않다.

"친절한 사람은 친절이 미덕인지 아닌지, 어쩌면 비겁한 자신을 위한 호신술일지도 모른다고 생각하길 바란다."

소노 아야코의 말이다. 친절이 서비스 기업의 경쟁력으로 인식되면서 고객만족도의 비교평가대상이 돼 직원들의 노동이 과도한 감정노동으로 전락하게 되는 부작용이 발생하기도 한다. 갑질을 하는 고객들로 인해 생긴 억눌린 분노는 누군가의 고객이 돼 해소하는 갑질의 임무교대 현상이 이 사회에 만연해 있다.

내 인생에서
내가 조연

많은 사람 , 특히 직장인들 자신의 진짜 모습을 숨기고 가면을 쓴 채 살아간다. 화가 나도 상사와 고객 앞에서는 억지로 웃음 짓고 친절하고, 실패 앞에서 담담한 척 하고, 기쁜 일에 웃지 못하고 슬픈 일에 울지 못한다.

SNS에 올리는 사진들, 행복하고 긍정적인 감정으로 남에게 연출된 사진과 연출된 삶의 모습을 보이려고 노력한다. 시간이 지나면서 어느 것이 가면이고 어느 것이 진짜 얼굴

인지 혼돈에 빠진다. 자신의 진실한 목소리에 귀기울기보다는 스스로 억압하며 내 인생에서 내가 주인공이 아닌 조연으로 살아가는 불행을 겪는다.

착한 아이가 되려고 지나치게 자신을 학대하지 말자. 나쁜 남자도 매력적일 수 있다. 그렇다고 대놓고 나쁜 남자가 될 생각은 접어라. 얼굴이 이병헌, 송중기 정도 돼야 '나쁜 남자'라고 불리지, 당신은 그저 '나쁜 자식'으로 불릴 수 있다.

"타인에게 친절하자. 언제나. 당신이 만나는 모든 사람은 누구나 당신이 까맣게 모르는 모종의 전쟁을 치르고 있다. 친절하라. 언제든지."

스스로 생을 마감한 영화배우 로빈 윌리엄스가 남긴 말이다.

살리에리증후군

Salieri Syndrome

친구가 낙제를 하면 눈물을 흘리지만
친구가 1등을 하면 피눈물을 흘린다.

_영화 〈세 얼간이〉 중

천재 모차르트와 노력형 궁정음악가 안토니오 살리에리의 이야기에
서 유래된 용어. 자신보다 뛰어난 주변 인물 때문에 늘 질투와 시기,
열등감에 시달리는 심리현상이다.

사촌이 땅 사면
배 아픈 이유

신이시여! 왜 제게 천재를 알아볼 능력만 주시고 재능은 주지 않으셨습니까!"

영화 〈아마데우스〉에서 모차르트에 대한 질투로 정신병에 이른 살리에리의 절규다.

역사적 진실 여부는 별도로 하고 영화 아마데우스에서 그려진 안토니오 살리에리Antonio Salieri는 이탈리아 출생의 작곡가로서 1766년 16살 때 가스만이라는 음악가에게 음악을 배워 그 이후 오스트리아의 황제 요제프2세의 눈에 띄어 궁정작곡가가 되고 1788년에는 궁정악장이 됐다.

당시 음악가로서는 상당히 높은 지위에 오른 것이다. 그 역시 음악적 재능을 타고난 뛰어난 음악가였으며 이후 유명하고 위대한 음악가들의 스승이기도 했다. 이렇게 뛰어난 그였지만, 그 역시도 하늘이 내린 천재, 모차르트 앞에선 평범한 자신의 음악적 실력에 질투하며 괴로워하다 결국은 미치광이가 된다는 것이 영화의 스토리다.

우리도 대부분 살리에리의 모습으로 산다. 학교 다닐 때 휴식시간에도 책을 읽고 밤새워 공부한 나보다 늘 공차고 농구하고 기타까지 잘 치는 친구가 성적이 더 잘 나올 때,

게다가 그 친구가 키도 크고 얼굴도 잘 생겼을 때 느끼는 좌절감이란. 직장에 들어와서도 마찬가지다. 나보다 먼저 승진하는 입사동기와 후배들을 바라보며 고통스러워하고, 나보다 먼저 아파트를 장만한 친구, 나보다 더 좋은 차를 몰고 다니는 동료에게 질투하는 것이 평범한 인간의 모습이기도 하다. 늘 이렇게 남과 비교해 나의 행복 수준을 결정한다.

[1] 친구들이 사는 집은 하나같이 올랐는데 내 집만 가격이 떨어졌다.
[2] 친구들 집값은 그대로인데 내 집값만 떨어졌다.
[3] 친구들과 나 모두 집값이 떨어졌다.

내 집값이 떨어진 것은 같은데 가장 짜증나고 고통스러운 상황은 [1]의 상황이다.

반대로 내 집값은 그대로이거나 떨어져도 주위 친구들의 집값이 폭락을 했다면 가장 기쁜 상황으로 바뀐다. 우리는 이토록 내 자신의 절대적인 행복의 가치보다 남과 비교해 상대적인 관점에서 행복감을 느낀다.

러시아 우화다. 어느 마을에 찢어지게 가난한 농부가 있었다. 너무도 가난해 소 한 마리도 가질 능력이 못 됐다. 어느 날 신이 나타나 이 딱한 농부에게 단 한 가지 소원을 들어주겠다고 했다. 이 농부가 말한 소원은 다름 아닌 "이웃집 소가 죽어 없어졌으면 좋겠다"였다.

나도 마찬가지다. 남이 승진하거나 남이 새로 고급차를 산 것, 남이 유럽여행을 떠나는 것은 사실 논리적으로나 이성적으로 판단할 때 그것이 나의 가치를 훼손하거나 내가 불편해야 할 일은 아니다. 옆집 남자가 벤틀리를 샀다고 해서 잘 달리던 나의 국산차가 갑자기 주행 성능이 떨어지는 것은 아니기 때문이다. 하지만 마음은 그렇지 않다.

그는 어떻게 해서 쉽게 돈을 벌었을까?

부모 유산을 받은 복 많은 사람?

세금은 제대로 내는 사람일까?

곱지 않은 시선으로 일단 모르는 그를 매도하고, 열심히 정직하게 일한 나에게도 공정하게 벤츠 한 대쯤은 선물로 주지 못하는 신과 세상의 불공평함을 비난한다. 그가 나보다 좋은 직장, 직업, 직위를 누리는 것을 그의 노력에 따른 공정한 인과관계의 법칙으로 보지 않는다.

동메달리스트의 미소
은메달리스트의 눈물

질투는 인류 역사발전의 원동력이라는 순기능도 있겠다. 우리가 남보다, 다른 부족, 다른 나라보다 뛰어나려고 노력한 과정에서 개인과 소속된 무리의 생존과 발전은 물론 오늘날의 과학기술과 찬란한 문명을 창조해냈을 수도 있다.

비교에 따르는 질투의 고통을 해소하기 위해 나보다 못한 사람과 비교, 우월감을 통한 행복을 느끼는 단기적 처방을 취하는 사람이 있다. 하지만 이러한 임시처방은 오래가지 못한다. 나보다 못 생긴 사람을 내려다보며 잠시 불행을 잊는 것이 먹힌다면, 언제가 나보다 잘 생긴 사람을 만나게 되면 열등감과 질투의 불행이 다시 살아날 것이 틀림없기 때문이다.

"우리에게 이제 가난한 사람은 없고, 더 부자가 되고픈 사람만 있다"는 어느 시인의 말처럼 가난해서 불행한 사람보다 더 부자가 되지 못해 불행한 사람이 많다. 올림픽 동메달리스트의 미소와 은메달리스트의 눈물은 우리가 누구와 비교하는가에 따라 행복감이 달라질 수 있음을 보여준다.

진짜 비교대상은
남이 아닌 어제의 나

비교를 하더라도 한 사람과 일대일로 비교하라. 여러 사람이 나누어 가진 것을 당신 혼자와 비교하는 것은 공정하지 않다. 아무리 싸움을 잘하는 사람도 수십 명과 싸워 이기기는 힘들다.

그저 모든 것을 당신의 친구 A와 비교해야지, 외모는 잘생긴 A와 비교, 재력은 재벌2세 B와 비교하고, 두뇌는 명문대 출신 C와 비교하는 것은 옳지 않다.

잘생긴 친구 A는 당신만큼 재력이 안 될 수도 있고, 부자인 친구 B는 당신만큼 두뇌가 명석하지 않을 수 있고, 똑똑한 친구 C는 당신만큼 외모가 안 될 수도 있다.

나아가 남과 비교하기 자체를 멈추라. 비교는 남과 할 것이 아니라 어제의 당신과 하는 것이 옳다.

사람은 시대와 장소, 연배, 세상의 평가 등 여러 면에서 자신과 비슷한 사람과 비교하며 질투를 느낀다. 학창시절 별볼일 없었던 그저 그런 친구가 멋진 차를 끌고 동창회에 나타나거나 또는 부잣집에 시집을 잘 가서 명품 백을 들고 나타났을 때 우리는 질투심에 괴로워한다.

나 역시 주커버그나 빌 게이츠의 재산에, 타이거 우즈의

골프실력에, 톰 크루즈의 얼굴에 질투심을 느껴 괴로워해
본 적은 없다. 봉건사회, 귀족과 천민이 있는 신분사회에서
는 태어날 때부터 신분상의 차이가 명확하게 구분돼 그것
이 어쩔 수 없는 운명으로 수용되기 때문에 계급간 갈등이
비교적 적다. 자신과 같은 신분으로 태어난 천민들은 어차
피 죽을 때까지 천민의 삶을 살기에 불행하지 않다. 즉, 같
은 처지의 천민계급 친구가 어느 날 살던 집의 땅값이 올라
벤츠를 사서 끌고 나올 일도 없다.

  그러기에 질투는 없는 것이고, 질투에 따르는 고통도 없
는 것일 게다. 따라서 질투가 존재하는 세상은 그리 나쁜
세상은 아니다. 고통스럽지 않을 정도로만 가볍게 질투하
는 것으로 끝내자.

파노플리효과

Effect de Panoplie

성공하기 전까지 내가 구입한 자동차들은
'나는 성공한 사람'인 척하고,
'내가 아직 성공하지 못했다'는 것을 감추기 위한 거짓말이었다.
한편, 진정으로 성공한 이후에는
내 성공을 증명하기 위한 자동차가 필요하지 않았다.

_모가댓, 구글 X프로젝트팀장

프랑스 철학자 장 보드리야르Jean Baudrillard가 주장한 개념으로 소비
자가 특정 상품을 구매함으로써 같은 제품을 소비하는 집단이나 계
급에 소속 됐다고 믿거나 특정 계층에 속한다는 사실을 타인에게 과
시하는 현상을 말한다.

악마는
프라다를 입는다

'파노플리'란 '집합'Set이라는 뜻으로, 판지에 붙어 있는 경찰관놀이 장난감세트처럼 같은 맥락의 의미를 가진 상품의 집단을 말한다.

어린아이가 경찰관 놀이 세트를 사용하면 마치 경찰관이 된 것 같은 기분을 느끼는데 마찬가지로 파노플리를 이루는 상품을 소비하면 그것을 소비할 것이라고 여겨지는 집단에 소속한다는 환상을 준다는 것.

그래서 파노플리효과는 상품을 소비함으로써 그것을 소비할 것으로 여겨지는 계층 및 집단과 동일시되는 현상을 가리킨다. 프랑스의 사회철학자 장 보드리야르Jean Baudrillard는 상품을 통해 특정 계층에 속한다는 사실을 과시하는 것을 가리켜 이 용어를 사용했다.

대표적 사례로 상품이 사람을 평가한다는 생각에 타인 앞에서는 스타벅스 등의 브랜드 커피만 고집해 마시거나 명품만 소비하는 현상 등이 있다. 스타벅스 커피를 들고 거리를 활보한다는 것은 트렌드 세터인 메릴 스트립을 위해 스타벅스를 테이크아웃 했던 영화 〈악마는 프라다를 입는다〉의 앤 해서웨이와 동일한 집단, 뉴요커 집단에 속해 있다는 과시욕이기도 하다.

밴드왜건
편승효과

소비와 관련해 여러 가지 현상과 이론이 있다.

첫 번째로 '밴드왜건편승효과bandwagon effect'다. 어떤 선택을 할 때, 대중적 유행을 따라가는 현상을 말하며, 정치학에서는 선거운동이나 여론조사에서 우위를 차지한 후보 쪽으로 유권자들이 몰리는 현상을 말하기도 한다.

'밴드왜건'은 서부개척시대의 역마차를 가리키는 말로, 축제 등에서 선두에서 행렬을 이끌며 흥을 돋우는 마차나 자동차를 뜻한다. 재화나 상품의 수요와 인기가 높아지면 이런 경향을 따르는 새로운 소비자들로 수요가 증가하는 것을 말한다. 기업에서는 충동구매를 유도하는 마케팅으로 활용하기도 한다.

레밍
신드롬

이후 사회과학자들은 대중이 투표나 여론조사 등에서 뚜렷한 주관 없이 대세를 따르는 걸 가리켜 '밴드왜건효과'bandwagon effect라는 이름을 붙였는데, 무리에서 혼자 뒤처지거나 동떨어지지 않기 위해 다른 이들을 따라하는 사회적 증거의 법칙과 동조 현상의 일환이기도 하다.

유행의 본질도 바로 그런 편승효과다. 한국에서 베스트셀러에서부터 유명 맛집에 이르기까지 사람들이 몰려드는 현상은 모두 편승효과의 위력을 말해준다. 그래서 편승효과를 '레밍신드롬'lemming syndrome이라고도 한다.

레밍은 스칸디나비아반도에 사는 들쥐의 일종인데, 그 수가 폭발적으로 늘면 떼 지어 바닷가 절벽으로 밀려가 뛰어내린 뒤 죽을 때까지 헤엄친다고 알려져 있다.

까마귀 노는 곳에
백로야 가지 마라

다음 스놉효과, 속물효과가 있다. '스놉'Snob은 잘난 체하는 속물을 의미한다. 스놉효과는 마치 까마귀 떼 속에서 혼자 떨어져 고고하게 있는 백로 같다고 해서 '백로효과'라고도 한다.

스놉효과는 1950년 미국의 하비 라이벤스타인Harvey Leibenstein이 발표한 이론이다. 특정 제품에 대한 소비가 증가하게 되면 그 제품의 수요가 줄어드는 현상을 뜻하는 말이다.

스놉효과에서 소비자들은 다수의 소비자들이 구매하지 않거나 못하는 제품에 호감을 느끼게 되는데, 보통 가격이 비싸서 쉽게 구매하기 어려운 고가의 하이클래스 제품, 명품 등이 여기에 해당된다.

스놉효과는 밴드웨건 효과와 반대되는 현상인 것이다. 스놉효과는 다른 사람들이 소비를 하면 오히려 그 재화나 상품을 소비하지 않음으로써 차별화를 시도하는 소비 현상을 보인다.

베블런
효과

고가의 명품을 선호하는 '베블런효과'가 있다. 베블런효과는 미국의 경제학자이자 사회과학자 베블런이 《유한계급론》The Theory of the Leisure Class, 1899에서 "상층계급의 두드러진 소비는 사회적 지위를 과시하기 위해 지각없이 행해진다"는 '과시적 소비'를 지적한 데서 생겨난 말이다.

상류층 소비자들이 사회적 지위를 과시하기 위해 가치 있고 값이 비싼 것일수록 소유하려 하므로 일반적인 수요와 공급에 따른 가격결정이론을 따르지 않고 가격이 오르는데도 수요가 줄어들지 않고, 오히려 증가하는 현상을 보인다. 고급 자동차, 명품 액세서리 등은 가격이 오르거나 경제상황이 악화돼도 수요가 줄어들지 않는 경향이 있다.

사회적 지위나 부를 과시하기 위한 허영심에 의해 수요가 발생하기 때문에 가격이 비쌀수록 오히려 소비가 늘어나는 효과가 있다.

예를 들면, 다이아몬드의 가격이 상승하면 더욱 허영심을 자극하게 돼 수요가 증대하지만, 가격이 떨어지면 그 가치와 희소성이 떨어지기 때문에 수요도 줄어들게 된다는 것이다. 기업은 이러한 베블런효과를 마케팅이나 광고에 이용해 고급화와 차별화, 고가 정책을 표방하기도 한다.

나의 옛 실내복과
헤어진 것에 대한 유감

'디드로효과'Diderot Effect는 하나의 상품을 구입함으로써
그 상품과 연관된 제품을 연속적으로 구입하게 되는 현상
을 말하며 '디드로 통일성'conformity이라고도 부른다. 디드
로 현상은 단순한 기능적 연계뿐만 아니라 소비자가 상품
과 상품 사이에 정서적-심미적 동질성을 추구하는 경향
을 보인다.

때문에 외부에 노출 가능성이 높은 품목이거나 그 제품
이 소비자가 중시하는 가치를 반영할수록 이 현상은 강하
게 나타난다.

'디드로효과'는 18세기 프랑스 철학자 디드로가 〈나의 옛
실내복과 헤어진 것에 대한 유감〉이라는 수필에서 시작된
말이다.

수필 내용은 디드로가 우울증에 시달리다가 자신이 왜 우
울증에 시달리는지 차분히 되짚어보았더니 친구에게 선물
받은 우아한 진홍색 실내복 때문이었다는 것을 알게 됐다

고 한다. 친구로부터 서재용 실내복을 선물 받고 그동안 입었던 낡았지만 편안한 느낌을 주는 실내복을 버리게 됐다. 새 실내복을 입고 보니 서재의 낡은 책상이 어울리지 않아 책상을 새것으로 바꾸게 됐다.

책상을 새것으로 바꾸고 나서 책장이 어울리지 않아 책장을 바꾸고, 시계, 벽걸이 등을 바꾸다가 급기야는 서재 전체를 바꾸게 됐고 서재에서 바뀌지 않은 것은 방주인인 디드로 자신밖에 없다는 것을 깨닫게 된다. 선물 받은 진홍빛 실내복과 어울리게 하려고 서재 전체를 바꾸고 나서 처음에는 만족했지만 얼마 가지 않아 비좁고 혼잡했지만 편안했던 옛것들이 그리워 우울증에 시달렸다는 내용이다.

이처럼 디드로의 경험이 묻어 있는 디드로효과는 현대인의 소비 형태를 설명하는 데 도움을 주는 이론으로 평가받게 됐다. 또한 이 일화는 현대인들이 한 가지 물품을 소비하고 나면, 그에 맞춰 다른 물품도 함께 소비하고 싶어지는 심리를 일컫는 말로 대체돼 '디드로효과'라 불리게 됐다. 상품이 의식을 지배함으로써 소비가 소비를 부른다는 얘기다.

디드로효과는 우리 생활 주변에서도 얼마든지 찾을 수가 있다. 나의 경우 아이폰을 사고 난 이후 아이패드를 사게 되고, 애플워치 등 점차 애플의 주변기기를 사게 된 경험이 있다. 아웃도어에 대한 작은 애착이 캠핑 용품의 구매로 확대되고 결국에는 그에 걸맞게 자동차까지 SUV로 바꾸는 경우가 이에 해당한다.

은행에서 대학교에 점포를 내고 대학생에 대한 마케팅을 강화하거나 신입직원에 대한 마케팅을 강화하는 것도 같은 맥락이다. 당장은 소득이 없어 은행의 수익에 기여하는 핵심 고객군은 아니지만, 단순한 통장 개설이 시간이 지나면서 신용카드나 투자상품, 보험상품도 같은 계열사의 상품을 구매할 확률이 높아진다고 보기 때문이다.

디드로효과의
역설

사람들이 직장을 선택하게 되면 디드로효과가 적용된다. 서비스업에 종사하는 사람은 직업에 맞게 옷을 입어야 하고, 옷에 맞추기 위해 헤어스타일을 바꾸고, 구두를 새로 사고, 말하는 모습이나 억양은 물론 자세나 행동까지 바꾼다.

사회·경제적으로 성공하게 되면 거주지를 부촌으로 옮겨 이웃을 바꾸고, 대학의 최고경영자과정 등을 이수해 지위에 걸맞게 출신학교와 동창을 바꾼다. 성공에 어울리는 인맥이 생기고 그들과의 새로운 사교모임이 생긴다. 새로운 포지션에 맞는 취미를 가져야 하고, 취미활동에 어울리는 골프채, 옷, 자동차가 필요해진다.

그러면서 행복감이 높아지는 것 같지만 잃어버리는 것을 발견하게 된다. 자신의 원래 모습이나 품성을 잃어버리기도 하고 본래의 모습이 무엇이었는지 잊어버리게 된다. 그러나 어느 날, 옛 친구들, 그들과 함께했던 조촐한 식사, 함께 산에 올랐던 추억, 그리고 소박하고 순수했던 과거의 마음들. 이런 것들을 그리워하며 과거를 동경한다.

차이적 소비

정말 원하던 것을 소유한 기쁨 뒤에 오는 공허감이나 정체성의 혼란일 수도 있겠지만 디드로가 자신의 서재 전체를 바꾸고 나서 기분이 우울하게 된 것은 인간의 속성이 자기가 원하는 것을 소유하고 누린다고 해서 행복해지는 것이 아니라는 것을 말해주고 있다.

사람을 행복하게 하는 것은 모든 것을 소유한 삶이 아니고 현실에 대한 자족과 감사의 마음이 클 때다.

사람들은 필요해서가 아니라 다르게 보이기 위해 소비한

다. 이른바 '차이적 소비'의 이론이다. 장 보드리야르1929~2007는 《소비의 사회》에서 소비는 기호의 교환이며 나는 당신들과 다르다는 차이를 표현하는 것이라고 했다.

이 이론에 따르면, 내가 아이폰을 쓰는 것, 또는 갤럭시를 쓰는 것은 '나는 어떤 사람이다'라는 것을 타인에게 보여주는 것이며 도심의 아파트를 사는 것과 교외의 전원주택을 구입하는 것은 '나는 무엇을 지향하며 어떤 삶을 추구하고자 하는가'를 남에게 보여주는 하나의 기호인 것이다.

페라리보다는 버스

상품을 만들고 판매하는 입장에서는 자사 상품이 소비자로 하여금 어떤 기호성을 갖게 할 수 있을 것인가, 즉 자사의 브랜드는 어떤 아이덴티티를 추구하며 소비자로 하여금 그러한 브랜드 이미지를 갖게 하는 데 성공하는 것이 마케터의 주된 역할이라 하겠다.

이러한 소비의 사회에서 우리는 휘둘리지 말고, 오직 순수한 기능을 요구하는 최소 한도의 가성비 높은 소비에 집중할 필요가 있다. 그래야 행복하다. 그렇지 않으면 끝이 없다.

행복은 사랑하는 사람과 함께 여행을 가는 것이라고 할 때, 고속버스를 타고 가는 것과 페라리를 타고 가는 것의 차이는 커 보이지만, 주차장에 서 있는 페라리보다 버스를 타고 함께 하는 여행이 행복하다.

노벨문학상 수상자나 셰익스피어가 명품 펜을 사용해 명문을 탄생시켰는지 생각해 보면 너무도 간단하다. 멋진 사진을 찍은 작가에게 "카메라가 좋은가 봐요"라고 말하는 것만큼 무식하고 모욕적인 말은 없다. 알면서도 그게 쉽지 않은 것이 우리네 어리석은 인생이다.

희소성의 오류

Scarcity Error

나는 소망한다, 내게 금지된 것을.

_양귀자 장편소설

인간의 욕망은 무한한 데 비해 이 욕망을 충족시킬 수 있는 재화나 용역은 유한해 항상 부족한 상태에 있다는 원리를 경제학에서는 '희소성의 원칙'Law of Scarcity이라고 하며, 이는 최소비용과 최대만족을 추구하는 경제문제를 발생시키고 이를 해결하기 위한 경제활동을 촉발시키는 원동력이 된다. '희소성의 오류'Scarcity Error는 상품이나 서비스의 자원이 고갈되거나 부족하다고 느껴지면, 오히려 소유하고자 하는 욕구나 만족도가 커지는 심리적 현상을 말한다.

시장이
반찬이다

스티븐 워첼Stephen Worchel의 1975년 실험을 보자.

학생들을 대상으로 동일한 비스킷의 맛을 품평하게 했는데, 한 그룹에는 비스킷 한 상자를, 다른 한 그룹에는 비스킷 2조각만 주고 그 맛을 평가하도록 했다.

평가 결과, 똑같은 비스킷이었음에도 비스킷 2조각이 주어진 그룹이 한 상자를 받은 학생들보다 비스킷을 더 맛있다고 평가하는 것으로 나타났다.

미국의 한 대학 학생들을 대상으로 한 실험에 따르면, 구내식당의 만족도를 조사했는데, 같은 식사, 같은 환경에도 평상시 조사 결과와 향후 2주간 부득이한 사정으로 식당을 폐쇄하겠다고 공지한 직후 조사한 결과가 서로 다르게 나타났다. 앞으로 당분간 식당을 사용할 수 없다고 공지되자 만족도가 더 크게 나타난 것이다.

한 실험에서 포스터 10장을 매력적인 순서대로 정리하도록 요청했다. 순위 배열이 끝나고 특정 포스터를 제외한 나머지는 학생들이 가지고 갈 수 있다고 했다. 이어 다시 한번 포스터를 평가하게 했더니 가지고 갈 수 없다고 한 포스터를 가장 매력적으로 재평가했다.

마케팅과 세일즈 기법에서도 희소성의 오류를 적극적으로 활용한다. 홈쇼핑채널에서 쇼호스트는 늘 한정 수량, 매진 임박, 이번을 마지막으로 더 이상의 할인판매는 없다는 이야기를 반복한다. 곧 품절될 것 같은 상품은 더욱 잘 팔린다. 그래서 늘 주문량이 폭주해 살 수 있는 물건이 얼마 남지 않았다고 말한다. 소비자로 하여금 지금 사지 못하면 마치 영원히 기회가 오지 않고 후회로 남을 것 같은 조급증을 발생시켜 현명한 판단을 가로막는다.

상품이 '리미티드 에디션'이라고 하면 더욱 사고 싶어진다. 선착순 00개 한정 판매, 오늘만 특별한 가격과 혜택제공이라는 카피 역시 소비자들을 서두르게 한다. 옷가게에서 구매를 망설이는 고객에게 점원이 다가가 "다른 고객이 이 옷에 관심 있어 한다"고 말하면 구매할 확률이 높아진다.

중고차 판매 테크닉으로 같은 시간대에 여러 매수 희망자들을 불러놓고 같은 차를 놓고 경쟁하게 한다.

시식코너의 음식은 조금씩 제공됐을 때 더욱 맛있게 느껴진다. 이 모든 것이 희소성의 법칙을 활용한 마케팅 기법이다.

캠벨수프판매
실험

소비자가 구입할 수 있는 제품 수를 제한하면 오히려 판매가 신장되기도 한다. 브라이언 완싱크 교수가 실시한 슈퍼마켓에서의 캠벨수프 판매실험 결과가 이 사실을 뒷받침한다. 실험에 참가한 슈퍼마켓들은 약간의 할인된 가격으로 수프를 다음 3개의 조건으로 판매했다.

[1] 무제한으로 구매 가능

[2] 최대 4개까지 구매 가능

[3] 최대 12개까지 구매 가능

실험 결과, 구매 현황은 다음과 같았다.

[1] 평균 3.3개 구매

[2] 평균 3.5개 구매

[3] 평균 7개 구매

최대 구매량 12개가 일종의 가이드로 작용 앵커링효과해 이 조건에서 가장 많은 평균 7개를 구매한 반면, 무제한으로 살 수 있는 환경에서는 오히려 3.3개만 구매한 것이다.

소비자 300명에게 영화 포스터를 보여준 후 주말에 영화를 보러 갈 의향이 있는지 물었다. 절반에게는 포스터만 보여주었고, 절반에게는 "영화가 이번 주말까지만 상영된다"고 귀띔했다. 후자의 사람들에서 "영화를 보러가겠다"는 응답이 36퍼센트 높게 나타났다.

자녀를 게임중독에서
구하는 법

선택이 허용되지 않은 것을 더 매력적으로 평가하는 경향을 '리액턴스효과'라고 말한다. 리액턴스Reactance는 원래는 물리학에서 전기저항을 말할 때 쓰는 용어로, 금지된 것일수록 더욱 갖고 싶어 하는 심리를 뜻하게 됐다.

누군가 우리에게 무언가를 빼앗으려 위협하거나 어떤 행동을 금지하면 이에 반발해 리액턴스가 일어난다. 이를 '로미오와 줄리엣 효과'로도 불리는데 부모나 주변인들의 반대가 있을 경우 애정이 더 절실해지고 깊어지는 경우를 이르는 말이다.

주위에서 종종 보게 되는 고집불통의 반항아는 리액턴스의 표본이다. 자녀에게 게임을 금지할수록 더욱 게임에 중독되는 현상이 나타난다. 그래서 아이들을 게임에서 빠져나오게 하려면 게임을 학교 정규과목으로 편입하고, 매일 게임숙제를 내주고, 게임과외를 시키고, 시험을 보게 하면 된다는 농담도 있다.

리액턴스는 금지된 행동을 본격적으로 시작하거나 계속하게 만든다. 잃어버린 자유를 회복하려 드는 것이다.

젊음을 젊은이에게
주기엔 너무 아깝다

희소성의 오류에 대한 전형적 반응은 현명한 선택을 방해한다. 희소성의 오류를 범하지 않으려면 상품과 서비스를 오로지 가격과 혜택의 기준에서만 평가하고, 그것이 진정 지금 당장 필요한 지 아닌 지에 대해 생각하라고 조언한다.

영국 소설가 길버트 키스 체스터튼G.K Chesterton은 말했다. "사라질지 모른다는 것을 깨닫는 순간 뭔가를 사랑하게 된다."

주어진 시간은 얼마 남지 않았다는 생각, 헤어질 날이 얼마 안 남았다는 생각은 삶을 더욱 충실하게 만든다. 무엇인가를 사랑하려 한다면 그것이 곧 사라진다고 생각하면 된다. 지금 앞에 있는 사람과의 만남이 어쩌면 생의 마지막 만남이라고 생각하면 마음이 너그러워진다.

"젊음을 젊은이에게 주기엔 너무 아깝다."

버나드 쇼의 말이 절실하게 와 닿는 때는 이미 늙었을 때인가 보다.

과도한 가치 폄하

Hyperbolic Discounting

니들은 내일만 보고 살지?

내일만 사는 놈은 오늘만 사는 놈한테 죽는다.

_영화 〈아저씨〉 중

미래보다 현재의 가치를 과도하게 높게 평가하는 현상을 말한다. 그 결과 사람들은 현재의 편익을 보다 높게 평가하고 미래의 즐거움을 원래보다 축소해 바라본다는 것이다. 이러한 편향의 특징은 시간이 지날수록 그 할인율이 점차 작아진다는 것. 오늘과 내일의 하루 차이는 크게 느껴지지만 1년 후의 하루 차이는 그리 크게 느껴지지 않는 심리.

현재와 가까울수록
감정적인 이율이 상승한다

[1] 당신은 어느 통신사의 오랜 고객이다. 그간의 사용실적에 따라 현금으로 전환할 수 있는 포인트 1만 원이 적립됐다며 당장 현금으로 줄 수 있다고 했다. 그러나 한 달을 기다리면 1만1,000원을 받을 수 있다고 한다. 오늘 1만 원을 그냥 받을 것인가, 1개월 후에 1만1,000원을 받을 것인가?

[2] 당신은 1년 뒤에 쌓인 포인트로 1만 원을 받을 수 있다. 그러나 1년하고 1개월이 지난 후에는 1만1,000원을 받을 수 있다. 1년 뒤 1만 원을 받을 것인가, 1년하고 1개월 후에 1만1,000원을 받을 것인가?

사람들은 오늘과 한 달 후의 1개월의 차이와 1년과 1년 1개월 후의 1개월의 차이를 같은 1개월로 받아들이지 않는다.

한 달 후에 1만1,000원을 받기보다는 오늘 당장 1만 원을 받을 가능성이 매우 높다. 하지만 1년을 기다려 1만 원을 받게 되는 입장이라면 1년을 기다리는 데 그깟 한 달 더 기다리는 것은 그리 어렵지 않다.

그래서 한 달 후 1만 1,000원보다는 오늘 1만 원을 받고자 하는 사람도 1년 후 1만 원보다는 1년 1개월 후 1만 1,000원을 받고자 하는 사람이 많이 발생한다.

당신이 어떤 결정을 하든 [1]과 [2]에서 선택한 결과가 동일하지 않다면 일관성을 잃은 선택이다. 한 달 차이로 1,000원의 경제적 이득을 얻는 것은 마찬가지기 때문이다.

이 실험에서 보듯 경제적인 문제에서 우리는 내리고자 하는 결정이 현재와 가까울수록 감정적인 이율이 상승한다고 한다.

마시멜로실험의 부작용

'자외선에 장시간 노출되면 피부암의 위험이 있다'는 경고 문구와 '자외선에 장시간 노출되면 여드름, 기미가 생긴다'는 경고 문구 가운데 어떤 문구가 더 많은 선블록의 판매로 이어지는가 조사한 결과 사람들은 후자의 카피에 더 많은 반응을 보이는 것으로 나타났다. 피부암이라는 먼훗날의 이야기보다 당장의 여드름이 더 와 닿는 것이다.

더 나은 미래를 위해 오늘의 즐거움을 포기해야 한다는

주장은 스탠퍼드대 월터 미셸의Walter Mischell '마시멜로실험'을 통해 종종 주장된다.

아동의 자기통제력과 만족지연능력을 관찰하는 이 '마시멜로실험'은 오랜 기간 학부모·교육학자를 자극한 심리학 실험이다. 아이들에게 마시멜로 하나를 주며 당장 먹을 수도 있지만 안 먹고 기다리고 있으면 1개를 더 주겠다고 제안하고 아이들의 행동을 관찰하는 실험을 했다. 연구 결과 아동기에 발달된 자기통제력은 미래 성공을 예측했다.

마시멜로를 당장 먹지 않고 참고 기다린 아동은 청소년으로 자라 더 높은 SAT점수 등 높은 학업성취를 이루었고 인지능력 시험에서 좋은 성적을 보였다. 이로써 우리는 당장의 욕구를 참고 미래를 위해 인내하는 아이가 사회적으로 성공한다는 관념을 만들었다.

'인내는 쓰고 열매는 달다' 같은 점잖은 교훈, '오늘 잠을 자면 꿈을 꾸지만, 오늘 잠을 안 자면 꿈을 이룬다', 심지어 '공장 가서 미싱 할래, 대학 가서 미팅 할래?' 같은 폭력적 급훈이 난무하게 된 원인이다. 이러한 풍토에서 자란 우리는 불행하게도 오늘 즐길 수 있는 행복까지 내일로 미루는 부작용을 가져오게 됐다.

마시멜로실험의
맹점

하지만 최근 연구는 기존 마시멜로실험 결과에 반기를 든다. 당시의 실험이 아동의 사회경제적 배경을 간과했다는 지적이다. 하버드대 센딜 멀레이너선 교수는 "인내는 노력이나 훈련보다 경제적 풍요나 빈곤에 더 영향을 받는다"고 했다. 마시멜로를 참을 수 있는 아이들, 이른바 자기통제력이 강하다고 믿었던 아이들은 사실은 평소에 마음만 먹으면 언제나 마시멜로를 먹을 수 있는 부잣집 아이들이었음을 간과했다는 것이다.

그래서 뉴욕대와 캘리포니아 어바인대의 그레그 던컨과 호아난 콴은 기존의 마시멜로실험을 개선해 재현했다. 기존 연구의 경우 스탠퍼드대 구성원의 자녀를 관찰한 반면 새로운 연구는 부모의 소득과 학력의 범위를 다양하게 넓혔다.

특히, 저소득층과 저학력층에 주목했다. 사회경제적 배경이 아동의 장기적 성공에 미치는 영향을 고려하기 위함이다. 실험의 결론은 자기통제력이 성공과 관련이 별로 없다는 사실이었다. 중요한 건 아동의 사회경제적 배경, 즉 부모의 사회경제적 능력이었다.

대학 학위가 없는 어머니의 아이들은 마시멜로를 먹어버리기까지 평균 3.99분이 걸리고 45퍼센트만이 실험을 통과했다. 반면, 대학 학위를 소지한 어머니의 아동들은 평균 5.38분의 인내심을 보였고 68퍼센트가 실험을 통과했다.

부모의 사회경제적 능력이 아이들의 만족을 지연하는 여건을 조성하고, 아이들의 장기적 성공을 예측한다. 즉, 부모가 부자이거나 높은 교육수준을 가지고 있으면 아이들이 공부도 잘하고, 성공할 확률이 높다.

사회경제적 배경이 낮은 아동들이 더 큰 보상을 위해 당장의 만족을 지연시키지 않는 것은 경제적 빈곤은 미래의 불확실성을 의미하기 때문이다. 오늘 식탁 위의 마시멜로가 내일이 되면 없을지도 모르기 때문에 지금 먹을 수 있는 마시멜로를 내일로 미루는 것은 모험을 수반한다.

이들에게는 미래의 보상보다 현재의 만족을 추구하는 것이 더 이득이다. 늘상 집에서 원할 때 언제나 마시멜로를 먹을 수 있는 부유한 아이들은 당장의 마시멜로의 유혹에 강할 수밖에 없다. 그러면 이것이 자기통제력 실험이 아니라 유복한 가정에서 태어난 아이들이 커서도 사회적 성공을 할 확률이 높다는 이야기가 된다.

생일날 잘 먹으려고
며칠을 굶을 순 없다

　다른 연구들도 이러한 설명을 지지하고 있다. 하버드대 경제학자 샌드힐 뮬리이나탄과 프린스턴대 사회과학자 에드가 샤퍼는 사람들이 경제적으로 빈곤할수록 장기적 목표보다 단기적 만족을 추구한다고 설명한다.

　네바다대 사회학자 라니타 레이는 불우한 환경에서 자란 청소년을 대상으로 연구했는데, 이들은 끼니를 해결하기도 벅찰 정도로 낮은 임금을 받지만 월급날이 되면 새로운 옷을 사고 머리를 염색하는 데 돈을 탕진했다. 비록 사소하더라도 당장 자원이 있을 때 써버리는 것이 척박한 생활을 견디는 데 더 도움이 된다고 설명한다.

　이러한 연구결과들은 사회경제적 배경에 따라 만족 추구 행동이 달라진다는 것을 시사한다. 상대적으로 빈곤한 부모는 가능할 때 만족하도록 아이를 교육하는 반면, 좀 더 여유로운 부모는 더 큰 보상을 기다리도록 교육한다. 즉, 현재의 만족을 더 중시하는 선택은 개인이 자신이 처한 환경에 보다 잘 적응하기 위한 전략이다.

눈앞의 마시멜로를 즐겨라.
오늘을 살아라. 카르페 디엠!

경제적인 지출을 동반하는 소비를 통한 쾌락은 최대한 뒤로 미루고 안 쓰는 것이 옳다. 당장 소비를 하더라도 소비의 기쁨은 오래가지 않기 때문이다. 값비싼 신상 카메라를 산 후 느낀 흥분과 기쁨은 얼마 가지 않아 필시 사라질 것이며, 고급 카메라는 기대했던 멋진 여행의 경험을 보장해주지 않는다.

그러나 정신적인 행복과 쾌락은 지금 당장 추구하는 것이 옳다. 가족과의 식사와 대화, 친구들과의 우정을 위한 만남, 상대방에 대한 감사와 존경의 표현이나 위로, 배려는 지금 당장 실천해 기쁨과 보람을 느끼는 것이 좋다. "영원히 살 것처럼 배우고, 오늘 죽을 것처럼 사랑하라"는 말이 가장 올바른 해답이 될 듯하다.

피크엔드 법칙

The Peak-End Rule

행복이란 당신이 경험하는 것이 아니라

당신이 기억하는 어떤 것이다.

_오스카 레벤트

고통 또는 행복의 경험과 관련된 평가는 고통·쾌락의 총량이나 매순
간의 경험의 평균이 아니라 가장 절정일 때와 마지막에 느끼는 감정
의 평균으로 결정된다는 법칙. 즉, 경험의 실재와 경험의 기억 사이에
비합리적인 인지적 착각이 발생하는 현상을 말한다.

경험자아
기억자아

대니얼 카너먼 교수는 두 가지 방식의 대장내시경검사를 하는 실험을 통해 피험자들로부터 고통의 강도를 측정해 보았다.

[1] 대장내시경검사를 하다가 고통의 절정에서 내시경을 바로 뺀다.
[2] 고통의 절정 이후 [1]과 같이 바로 내시경을 빼지 않고 추가적으로 약간의 고통만 느끼도록 내시경을 놔둔 채 잠시 시간을 보내다 뺀다.

내시경의 불편한 경험의 시간의 총량은 [2]가 크다. 하지만 피험자들의 반응은 [1]보다는 비록 총 검사시간이 더 길었지만 마지막 순간에 고통이 적었던 [2]를 덜 고통스럽게 기억하는 것으로 나타났다.

대니얼 카너먼은 찬물에 손 넣기 실험도 했다.

[1] 1분간 찬물(섭씨 14도)에 손을 넣었다가 7분간 빼고 또다시

1분간 섭씨 14도의 찬물에 손 넣기

[2] 1분간 찬물(섭씨 14도)에 손을 넣었다가 7분간 빼고 또다시 1분간 섭씨 14도의 물에 손을 넣은 후 30초간 1도 높은 섭씨 15도의 찬물에 손 넣기

위 실험에서도 80퍼센트 사람이 [2]를 덜 고통스러워하는 것으로 나타났다. 섭씨 15도의 물도 차가운 물이지만, 마지막 30초가 [1]의 실험보다 1도가 높아 덜 차가웠다는 이유로 그렇게 느낀 것이다.

이렇듯 피크엔드법칙The Peak-End Rule은 고통 또는 행복의 평가는 고통·쾌락 양의 지속시간 내 총량이나 매순간의 경험의 평균이 아니라 가장 고통스러웠을 때, 또는 가장 행복했을 때와 마지막에 느끼는 강도 이 둘의 평균으로 기억되기 때문에 피크 Peak 시점과 종료End 시점이 우리의 행복이나 고통에 대한 기억에 있어 매우 중요함을 말한다.

인간에게는 '경험자아'와 '기억자아'의 두 가지 자아가 있는데, 경험자아는 예를 들어 '지금 아픈가'라는 질문에 대답하는 자아이고, 기억자아는 '전체적으로 아픔이 어땠는가'에 대답하는 자아다.

대장내시경 실험에서 경험자아는 후자의 고통이 고통의 총량 면에서 더 큼에도 이에 대한 기억자아는 후자의 고통

을 더 낮게 평가하는 심리적 현상을 보인다. 행복한 삶에 있어서 중요한 것은 바로 이 기억자아다. 기억자아는 자신의 경험에 대해 끊임없이 의미를 부여하고 스토리텔링을 하는 자아다. 경험자아는 산 정상으로 오르는 데서 고통스러움을 주지만 기억자아는 정상에 도전하는 데서 오는 성취감과 만족감을 느끼게 한다. 출산 과정에서 산모는 극심한 고통의 경험자아를 느끼지만 아이를 품에 안는 순간 기억자아는 고통스러웠던 출산을 더할 수 없는 기쁨과 행복으로 평가한다.

영화는 자고로
엔딩이 멋있어야

심리학자 에드 디너ED Diener의 실험을 보자. 가공의 미혼 여성 A를 설정해 다음과 같은 두 가지의 삶을 산 여성 A에 대해 학생들로 하여금 그 여성의 행복감을 평가하도록 했다.

[1] 30년간 매우 행복하게 살다가 교통사고로 고통 없이 갑자기 죽었다.

[2] 30년간 매우 행복하게 살다가 그서 그런 삶을 5년 더 살다 교통사고로 고통 없이 갑자기 죽었다.

여성 A의 전체 삶에서의 행복감을 묻는 질문에 피험자들은 [2]번의 경우 늘어난 수명 5년의 가치를 평가하기는커녕 오히려 전반적 행복감에 마이너스 효과로 평가했다. 아주 행복한 삶에 그저 그렇게 행복한 5년을 덧붙였더니 인생의 전체 행복 평가가 크게 떨어진 것이다. 피크엔드법칙The Peak-End Rule이 적용되는 사례라 할 수 있겠다.

피크엔드 법칙은 끝이 좋으면 모두가 좋다와 일맥상통하는 법칙이다. 그래서 매사에 끝이 중요하다. 연인은 헤어질 때 잘 헤어져야 한다. 그래야 첫사랑의 추억이 아름답다. 영화는 자고로 엔딩이 멋있어야 한다. 그래야 오래 기억에 남는다.

회사를 떠나는 사람에게는 마지막 순간의 배려가 평생을 바친 전체 직장생활에서의 기억을 좌우할 수 있다. 그래서 나갈 때 예우를 다해야 한다. 기업에서 인사이동으로 타 지역으로 전근 가는 경우 기존 고객에게 정중한 인사를 남기고 떠나야 한다. 그래야 고객들은 후임자에게 또다시 정을 주고 기업을 신뢰한다.

아름다운
마무리

행복을 극대화하기 위해서는 행복감의 피크와 엔드를 극대화하거나 고통의 피크Peak와 엔드End를 극소화하는 마음의 훈련이 필요한 것이다.

기원전 650년 아테네의 현자 솔론은 "인간의 운명은 우연의 결과이며 아무리 부와 권력을 가진 자라 해도 마지막 순간까지 행복하지 않다면 그것은 허망한 것이므로 죽음에 직면한 마지막 순간까지 당신의 행복과 불행을 속단하지 마라"고 말했다.

지금 비록 최고의 전성기를 누리며 오늘의 행복이 영원할 것이라 생각하지만 미래의 운명이 어찌 될지는 아무도 모르며, 그 반대의 경우도 마찬가지다.

마지막 순간이 중요하다. 사람에 대한 평가도 마찬가지. 헤어지고 나서, 떠나고 나서의 평가가 더 중요하다. 절정의 순간이 과거였다면 마지막은 정해지지 않았다. 마지막 마무리로 경험의 전체를 달리 기억하게 할 수 있다는 것은 행복의 수준을 획기적으로 높일 기회가 아직 남아 있다는 것을 의미한다. 다행이 아닐 수 없다.

평소 배우자에게 잘 못했다면 아직 기회는 있다. 배우자

가 기억하는 자아는 피크 Peak와 엔드 End의 평균이므로 피
크를 되돌릴 수 없다면 엔드를 잘하면 된다. 그리고 오늘 하
루를 인생의 마지막 날이라 생각하고 살면 된다.

스톡데일패러독스

Stockdale Paradox

오늘 좀 힘들었다고 너무 슬퍼하지 마세요.

내일도 어차피 힘드니까요.

_을지로 지하상가 벽에서

역경에 처하게 됐을 때 낙관성을 유지하더라도 그 현실을 외면하지
않고 '정면대응' 하면 희망을 이룰 수 있는 반면, 조만간 일이 잘 풀릴
거라고 근거 없이 낙관하면 희망은 곧 무너지고 절망에 빠지기 쉽다
는 '희망의 역설'을 뜻한다.

현실을
끝까지 직시하라

제임스 본드 스톡데일James Bond Stockdale은 베트남전쟁 때
1965년부터 1973년까지 하노이 힐튼 포로수용소에 동료
들과 함께 갇혔던 미군 중 최고위 장교였다. 1965년부터
1973년까지 8년간 감옥에 갇힌 그는 잘될 거라는 믿음을
잃지 않고 어려운 현실을 끝까지 직시하며 대비했기 때문
에 견뎌낼 수 있었던 반면, 다른 포로들 가운데 곧 나갈 수
있을 거라고 막연하게 믿었던 낙관주의자들은 대부분 상심
을 이기지 못해 수용소에서 죽고 말았다.

크리스마스 전에는 나갈 수 있을 거라고 막연하게 믿었던
비현실적인 낙관주의자들은 크리스마스가 지나자 곧 부활
절에는 석방될 것이라는 믿음을 이어갔다. 그러나 부활절
에도, 뒤이은 추수감사절까지도 석방 소식은 들려오지 않
았고 다시 크리스마스를 맞이하는 상심의 고리에 빠져 결
국 죽게 된 것이다.

스톡데일패러독스는 비현실적이고 막연한 낙관적 자세가
아닌 냉철한 현실 인식을 바탕으로 뚜렷한 목표 달성 의지
를 갖춘 희망의 중요성을 이야기한다. 미국 경영학자 짐 콜
린스는 위대한 기업으로 도약한 회사들에서 찾을 수 있는

공통된 특징 중에 이러한 성향이 있다면서 이를 '스톡데일 패러독스'라 이름 붙였다.

미래에 대한 희망은 좋은 것이나 냉철한 현실 인식과 뚜렷한 목표 달성 의지가 필요하다는 점에서 스톡데일패러독스는 비현실적인 막연한 낙관주의 혹은 '자기기만'self-deception과는 구별된다.

즉, 근거 없이 막연히 일이 잘될 것이라고 믿는 태도와 현실을 직시하며 신념을 잃지 않고 희망을 품는 합리적인 낙관주의는 전혀 다른 결과를 낳는다.

스톡데일패러독스에서 나타나는 합리적인 낙관주의는 특히 목표를 반드시 달성하겠다는 강한 의지를 동반하며 객관적인 현실을 인정하는 수용을 바탕으로 하고 있다.

쇼생크가 탈출에
성공한 비결

스톡데일이 보여준 강인한 생존의지는 의미 치료자 빅터 프랭클Viktor E. Frankl의 경험과 맥을 같이한다. 나치의 강제 수용소에 수감된 그는 비참한 절망 속에서도 삶에 대한 강인한 의미 추구를 잃지 않았고 "살아남아야 할 이유가 있는 사람은 어떻게든 살아갈 수 있다"고 했다.

　과도한 낙관주의를 예찬하는 일부 자기계발서는 밝은 미래를 꿈꾸면 언젠가 꿈이 이루어진다는 환상을 제공한다. 그러나 불황은 계속되고 취업난에 빠져 상심한 젊은 세대들에게 비관적인 현실을 외면하고 무조건 긍정적인 사고를 가지라고 말하는 것은 청춘을 더욱 아프게 만든다.

　윈스턴 처칠은 "대중 리더십에서 곧 스러져 없어질 거짓 희망을 제시하는 것보다 나쁜 실수는 없다"고 말했다. 아마도 막연한 희망이 좌절되면 대중은 더 큰 절망의 나락으로 떨어지게 되기 때문일 것으로 풀이된다.

　"희망은 좋은 거죠. 가장 중요한 것이죠. 좋은 것은 절대 사라지지 않아요." Hope is good thing. Maybe the best of things. And no good thing ever dies.

　"두려움은 당신을 포로로 묶어놓지만, 희망은 당신을 자유롭게 한다." Fear can hold you prisoner, Hope can set you free.

　영화 〈쇼생크 탈출〉의 명대사다. 주인공 앤디는 살인 누명을 쓰고 억울한 옥살이를 하면서도 희망을 잃지 않았다. 그러나 앤디는 언젠가는 억울함이 풀리고 석방되리라는 막연한 기대에 빠져 있지 않았고 주도면밀한 탈출 계획을 세운다. 그는 교도소라는 냉혹한 현실을 직시하며 매일 숟가락으로 벽을 파내며 희망을 구체적 행동으로 옮겼으며 결국 탈출에 성공했다. 앤디는 희망을 버리지 않았을 뿐 아니라 그렇다고 막연한 희망에 머물지 않고 매일 행동에 옮겼던 것이다.

낙관주의는 좋은 것이나 낙관적인 생각에만 머무르는 것은 위험하다. 가장 낙관적인 사람이 가장 비관적인 나락으로 떨어질 수도 있다. 비전은 가슴 뛰게 하지만 그 비전을 실천할 구체적인 노력과 행동이 없다면 의미 없는 것이다.

성공을 꿈꾸며 자기계발서를 읽는 것도 좋지만 구체적인 실천 없이 자기계발서 읽는 데만 열중한다면 자신의 성공은 멀어지고 자기계발서 작가들의 성공만 도와주는 결과가 될 것이다. 로또복권에 당첨되는 희망으로 살기 위해서는 적어도 열심히 일해 번 돈으로 복권을 사야만 가능하다는 사실을 잊지 말아야 할 것이다.

**줄리의
법칙**

'줄리의 법칙'Jully's law이란 마음속으로 간절히 원하는 것은 언젠가예기치 못한 상황에서도 반드시 이루어진다는 일종의 법칙을 말한다. 즉, 행운은 우연히 찾아오는 것이 아니라 마음속으로 끊임없이 바라야 비로소 현실로 나타난다는 법칙이다.

무척 가지고 싶었지만 품절로 구할 수 없었던 상품을 훗날 선물로 받게 되는 일이라든지, 어린 시절에 짝사랑했던 이성을 15년 뒤에 소개팅에서 만나 결혼하게 되는 일 따위를 예로 들 수 있다.

"생사를 오가는 순간이 오면 염원을 담아 간절히 빌어. 혹여, 어느 마음 약한 신이 듣고 있을지도 모르니…"

드라마 〈도깨비〉의 명대사인데 바로 줄리의 법칙을 이야기한다고 할 수 있겠다. 파울로 코엘료의 소설 〈연금술사〉에 나오는 "간절히 원하면 우주가 소원을 이루어준다"도 같은 말이다.

하지만 무조건 간절히 원하는 것으로 꿈을 이룰 생각은 하지 말라. 공부하지 않고 명문 대학 합격을 기원하는 것은 신에게 부정입학을 요구하는 것이다. 그게 이루어진다면 신이 허용한 입학비리인 셈이다. 노력하지 않은 승진에 대한 기대는 신에게 부탁하는 인사청탁이다. 과거의 첫사랑과 재회해 결혼하는 꿈을 이루기 위해선 그때까지 결혼하지 않고 첫사랑을 기다리는 인내가 필요하다.

쾌락의 쳇바퀴

Hedonic Treadmill

행복한 사람은 불운의 사고로 장애가 생겨도

결국 행복한 장애인이 된다.

행복한 일이 생겨도 시간이 지나면 다시 익숙해져 또 다른 것을 욕망하게 되는 현상으로 예를 들면, 생활수준이 높아져도 행복한 감정은 오래가지 않기 때문에 행복을 유지하기 위해서는 쳇바퀴를 돌리듯 더 많은 것을 가져야 한다는 역설을 의미한다. 소득 수준이 높은 국가들이 오히려 삶의 만족도와 행복감이 낮은 이유를 알려준다.

행복과 불행의
자동온도조절장치

'쾌락의 쳇바퀴Hedonic Treadmill'는 심리학자 필립 브릭먼Philip Brickman과 도널드 캠벨Donald Campbell이 처음 제시한 개념으로 행복의 크기를 비슷하게 유지하려면 이전보다 강한 자극이 있어야만 하는 인간의 특징을 빗댄 말이다. 월급이 올라도 행복해지지 않는 이유도 끝없이 돌려야 하는 쾌락의 쳇바퀴 때문이다.

하버드대 심리학 교수 대니얼 길버트Daniel Gilbert는 로또에 당첨된 사람들을 연구했는데, 로또가 주는 행복의 효과가 평균 3개월이 지나면 사그라진다는 것을 확인했다. 승진의 기쁨에 있는 사람도 평균 3개월이 지나면 예전과 똑같은 크기만큼 행복하거나 불행해지며, 불행하다고 느끼는 사람도 마찬가지로 평균 3개월이 지나면 다시 웃을 수 있다는 것도 확인했다.

이것이 바로 '쾌락의 쳇바퀴'다. 우리는 일을 하고 출세하며 스스로 더 많은 일, 더 멋진 일들을 해내지만, 그 행복이 오래가지는 않는다.

긍정심리학자 마틴 샐리그만은 "행복 또는 불행에는 자동온도조절장치가 있다"고 말했다. 대학교수를 대상으로 한 연구에서 정년보장 심사에서 합격 또는 불합격한 교수들의 행복 수준을 일정기간 경과 후 측정해보면 결국 과거 심사전의 수준과 같아진다는 사실을 발견했다. 복권에 당첨돼도 천성이 비관적인 사람은 그 행복이 오래가지 못하고, 사고 때문에 다리를 하나 못 쓴다 해도 낙천적인 사람이라면 낙천적인 장애인이 된다. 명문대 입학의 기쁨은 같은 과의 공부를 더 잘하는 새 친구를 만나게 되면서 사라지고 CEO가 된 행복은 다른 더 큰 회사의 CEO들을 만나면서 사라진다.

가난한데도
행복한 이유

행복과 불행 모두 유통기한이 있고, 그 기간은 생각보다 매우 짧다. 소득과 행복은 상관관계가 있을지 몰라도 인과관계는 없다. 소득이 높은 사람일수록 흥미로운 휴가, 럭셔리한 해외여행, 최고급 호텔에서의 식사, 품격 있는 오페라 등의 경험이 가능하다. 그러나 그것들이 행복 경험에는 크게 영향을 미치지 못한다고 한다.

소득이 늘수록 인생의 자잘한 즐거움을 누릴 능력이 줄어들기 때문이다. 멀리 비행기를 타고 가서 그랜드캐년의 일몰의 장관을 바라보는 행복만 찾다 보면 아파트 베란다 화분에 피어나는 꽃을 바라보는 기쁨을 놓칠 수 있다.

2012년 영국 민간 싱크탱크 신경제재단NEF에 따르면, 당시 전 세계 151개국을 대상으로 삶의 만족도와 기대 수명, 환경오염 지표 등을 평가해 국가별 행복지수HPI를 산출한 결과 코스타리카가 총 64점으로 2009년에 이어 연속 1위에 올랐다. 이어 베트남이 60.4점으로 2위에 랭크됐으며, 다음으로 콜롬비아59.8, 벨리즈59.3, 엘살바도르58.9 등의 순으로 각각 파악됐다.

HPI 상위 10위 국이 모두 경제력이 취약한 베트남과 중남미 국가들로 채워졌다. 아시아에서는 베트남에 이어 방글라데시 11위56.3, 인도네시아 14위55.5, 태국 20위53.5, 필리핀 24위52.4, 인도 32위50.9, 일본 45위47.5 등의 순이었으며, 한국은 43.8점으로 63위에 머물렀다.

최근 고도성장으로 세계 경제를 견인하고 있는 중국은 종전 20위에서 무려 40계단이나 추락한 60위로 밀려났다. 이와 같은 조사에서 얻을 수 있는 결론은 행복은 소득 순이 아니라는 것이다. 실제로 산업화된 여러 나라에서 지난 50년 동안 부富의 수준은 2~3배 높아졌음에도 사람들의 행복 수준과 삶의 만족 수준은 변하지 않고, 오히려 우울증만 더

흔해진 것으로 나타났다.

이에 대해선 이미 1974년 미국 서던캘리포니아대 교수 리처드 이스털린Richard Easterlin이 '이스털린의 역설Easterlin paradox'로 소개한 바 있다. 방글라데시, 부탄 같은 빈곤국 국민들의 행복지수는 높은 반면, 미국, 프랑스 등 선진국은 행복도가 낮다는 연구 결과에 근거해 소득이 일정 수준에 올라 국민의 기본 욕구가 충족되면 소득 증가가 더는 행복에 영향을 미치지 않는다고 주장한 내용이다.

소득이 높아지면 사람들의 기대치도 따라서 높아지기 때문이거나 다른 사람과 비교해 자신의 위치를 평가하는 경향이 심할수록 소비가 증가해도 그다지 큰 행복을 느끼지 못할 가능성이 높다는 해석이 제시되고 있다.

행복지수가 정체되는 시점은 보통 1인당 국민소득 2만 달러가 넘어선 때라고 한다. 영국 경제학자 리처드 레이어드 Richard Layard는 평균 연간 개인소득이 2만 달러가 넘는 나라에서 그 이상의 수입은 행복과 아무런 관련이 없다는 이른바 '레이어드 가설'을 제시했다. 그는 인간의 물질적 욕망엔 이른바 '만족점satiation point'이 있다며 다음과 같이 말한다.

"생활수준은 알코올이나 마약과 비슷한 면이 있다. 새로운 행복을 경험하게 되면 그것을 유지하기 위해 더 많이 가져야 한다. 일종의 쳇바퀴를 타는 셈이다. 행복을 유지하려면 쾌락이란 쳇바퀴를 계속 굴려야 한다."

가성비 높은 축복

소득이 늘어나면 선택의 기회가 많아진다. 소득이 낮으면 돈 버는 것을 최우선시해야 하지만, 반면 소득 수준이 높아지면 선택의 자유가 보장된다. 행복을 위한 여러 조건을 충족하기 위한 여러 선택이 가능해진다.

하지만 부자가 반드시 행복한 것은 아니며, 결코 돈으로 행복을 살 수는 없다. 하지만 돈이 없으면 삶이 불행해지는 것은 확실하다. 다만 사소한 일상에서의 행복 추구, 예를 들면 아름다운 하늘, 공기, 꽃을 보는 것은 돈과는 무관하다. 그리고 아름다운 하늘, 공기, 꽃 등 세상에서 가장 값진 것은 언제나 공짜다.

우리는 체중 100그램의 변화는 인식하지 못하지만 야채를 살 때 100그램의 차이는 큰 차이로 인식한다. 우리의 삶의 소소한 것에서 충분히 행복을 느끼지 못하는 경우라면 어쩌면 이미 가진 행복의 크기가 너무 크기 때문일지도 모른다. 소소한 행복도 크게 느낄 능력이 있다면 그것은 가성비 높은 축복이다.

초점의 오류

Focusing Illusion

세상에는 전적으로 좋은 것도 없고,

전적으로 나쁜 것도 없다.

생각이 그렇게 만들 뿐이다.

_셰익스피어

사람들은 인생의 한 면에 집중할수록 그것이 우리 인생에 미치는 효과를 과대하게 평가하게 된다. 어느 한 측면에만 초점을 맞춤으로써 다른 많은 측면을 간과하게 되는 것이다. 이렇게 어느 한 면에 집중한 나머지 초점 이외의 다른 부분의 영향을 무시하는 현상을 '초점의 오류' 또는 '초점착각'Focusing Illusion라고 한다.

당신이 무언가를 생각하고 있는 동안
인생에서 그것만큼 중요한 것은 없다

초점착각의 본질은 이른바 'WYSIATI'What you see is all there is. 눈에 보이는 것이 세상의 전부에 있다.

퇴직 후 전원에 집을 짓고 멋진 풍경 속에서 노후를 즐기는 꿈에 몰두하다 보면 다른 면, 즉 집수리와 관리에 드는 엄청난 노동과 비용, 난방비 부담, 쇼핑과 병원 가는 불편 등을 미처 생각하지 못하는 것이다.

대니얼 카너먼은 우리가 빠지는 초점의 오류를 "당신이 무언가를 생각하고 있는 동안에는 인생에서 그것만큼 중요한 것은 없다"는 말로 설명한다.

우리가 인생의 한 면에 집중할수록 그것이 우리 인생에 미치는 영향과 충격을 과대평가하게 된다. 따라서 초점의 오류를 극복할 수 있다면 많은 멍청한 결정을 피할 수 있고, 이는 좋은 삶을 위한 도구가 된다.

어느 한 측면에만 초점을 맞추어 생각하면 다른 많은 측면들은 간과하게 된다. 초점의 오류 때문에 한 측면에만 지나치게 중요성을 부여하게 되고 실제보다 중대한 것이라 믿게 된다.

했더
라면

집을 구할 때 전망에 꽂히면 다른 부분은 소홀히 하기 쉽다. 이를 테면 층간소음의 고통, 주차공간 부족 등을 소홀히 하는 오류를 범한다. 그리고 결정에 대해 후회하거나 오래지 않아 전망 좋은 집을 구한 기쁨을 잊는다.

고등학생 때는 좋은 대학만 가면 행복할 것 같고, 대학을 다니고 취업을 앞두고 있을 땐 좋은 직장만 가지면 행복할 것으로 믿는다.

사랑하는 사람을 만났을 땐 결혼만 하면 행복할 것 같고, 전셋집을 옮겨 다닐 땐 내 집만 있으면 행복할 것 같다. 이렇듯 '초점착각'focusing illusion에 빠지면 어느 작은 한 부분에 초점을 맞추느라 행복을 구성하는 많은 다른 요소를 무시하고 삶의 균형마저 잃게 된다.

다른 직업을 가졌더라면, 다른 곳에 살았더라면, 다른 차를 샀더라면, 혹은 다른 헤어스타일을 했더라면 얼마나 좋았을까 생각하느라 늘 후회와 고통에 빠져 있는 것이다.

미국 노스웨스턴대 연구진은 소비자들의 소비패턴을 연구하기 위해 '소파실험'을 한다. 연구진은 소비자들에게 카탈로그에 실린 두 종류의 소파 중에서 마음에 드는 제품을 선택하도록 했다.

|1차 실험|

- 소파 A: 푹신하고 편안하지만 내구성이 부족하다.
- 소파 B: 다소 딱딱하지만 내구성이 좋아 오래 사용할 수 있다.

실험 결과, 소파 A를 선택한 소비자들은 42퍼센트였고, 나머지 58퍼센트 소비자는 소파 B를 선택했다. 8퍼센트 차이로 소비자들은 내구성이 좋은 소파 B를 선택했다.

뒤이어 연구진은 내구성이 좋은 소파 모델을 두 개 추가해 2차 실험을 했다. 1차 실험에서 소비자들은 내구성이 좋은 소파를 더 선호했기 때문에 푹신한 소파는 추가하지 않고, 기존의 선택지 A,B에 추가적으로 내구성 좋은 제품 2개 C,D만 더 추가한 것이다.

■ 소파 A: 푹신하고 편안하지만 내구성이 부족하다.

■ 소파 B: 다소 딱딱하지만 내구성이 좋아 오래 사용할 수 있다.

■ 소파 C: 다소 딱딱하지만 내구성이 아주 좋다.

■ 소파 D: 다소 딱딱하지만 내구성이 좋고, 오래 사용할 소재를 사용했다.

2차 실험 결과는 매우 놀라웠다. 1차 실험에서 42퍼센트의 선택을 받았던 푹신한 소파 A의 선택률이 무려 77퍼센트로 상승했기 때문이다.

사람들은 딱딱하면서 내구성이 좋은 소파의 선택지가 많아지자 오히려 푹신한 소파의 기능에 주목하기 시작했다. 이렇듯 뭔가 다른 부분을 확대해 이를 과도하게 중요성을 부여하는 현상을 마케팅에서는 '초점효과'라 한다.

소파 A와 B는 처음부터 장단점이 분명했다. 선택지가 2개 있고, 각각 장단점이 뚜렷한 경우라면 사람들은 혼란을 겪지 않는다. 반면, 비슷한 장점을 갖고 있는 선택지가 늘어나자 다른 제품과 확연한 차이점을 갖고 있는 제품이 주목받기 시작한다. 그 결과 소비자들은 자신이 현재 원하는 제품과 관계없이 주목받는 제품을 선택했다. 인간은 자신이 관심 있는 부분을 확대해 이에 과도하게 중요성을 부각하는 경향이 있다. 다른 사람들은 당신이 타인과 차별되는 남다름을 발견했을 때 이에 깊은 인상을 받고 당신에게 호감을 가질 가능성이 높아진다.

남다른 특별함

출마 당시 당선확률을 낮게 보았던 트럼프의 대선 승리에서도 볼 수 있듯이 남다른 차별성을 부각하기 위한 노력이 중요하다. 결론적으로 사람은 무언가를 선택해야 할 때 평소 자신의 취향, 선호도와는 배치되는데도 '남다른 특별함'에 매력을 느낄 가능성이 높다는 것이다.

초점효과를 인간관계에 접목해 보면, 다른 사람은 당신의 남다름을 발견했을 때 그 남다름에 깊은 인상을 받고 당신에게 호감을 가질 가능성이 높아진다. 클래식 음악 및 성악가들의 모임에 참석하게 된다면 그들과 성악 실력을 비교하고 경쟁하려 하지 말고 당신이 잘하는 트로트 실력으로 경쟁하는 것이 낫다.

당신은 가장 당신다울 때 가장 빛나는 거다. 나이가 들어 퇴직을 하면서 실직이라는 프레임으로 신경 쓰다 보니 은퇴의 여유를 느낄 기회, 실업이 가져다주는 여러 가지 부수적인 행복과 기쁨을 외면한 채 지난 과거의 직장생활의 장점에만 집중한다. 막상 직장생활 중에는 누리지 못해 부러워했던 것들을 지금 누릴 수 있음에도. 당신은 '초점의 오류'에 빠져 있는 것이다.

폴리안나효과

Pollyanna Effect

"뻔하잖아? 게임은 말야, 뭐든지 기뻐하는 거예요.

기쁜 일을 무엇에서든 찾는 거예요."

_엘레나 포오터의 〈폴리안나의 편지〉 중

어떤 상황에서도 긍정성을 잃지 않는 태도. 어떠한 불행한 상황이 오더라도 그것에서 행복의 이유를 찾을 수 있다는 역설.

지팡이를 쓸 필요가 없으니까 기쁜 거야

'폴리안나효과'Pollyanna Effect란 1913년 엘리너 포터Eleanor H. Porter, 1863-1928의 소설 〈폴리안나의 편지〉의 주인공 이름인 폴리안나에서 비롯된 법칙으로 이 소설은 가난한 고아가 됐지만 매사를 긍정적인 측면에서 바라보는 폴리안나Pollyanna가 주변을 행복과 감사가 넘치는 곳으로 바꿔나가는 이야기를 다룬다.

소설이 유명해지자 주인공인 폴리안나 자체가 하나의 대명사가 돼 사람들이 가진 매사의 긍정적인 부분을 주목하려는 경향에 '폴리안나효과'라는 학술 명칭이 붙게 됐다. 그런 경향이 강한 사람에게 붙인 형용사 'Pollyannaish' 또는 'Pollyannaism' 등의 어휘가 사전에 등록됐다.

폴리안나효과는 소설의 주인공처럼 어떤 상황에서도 긍정성을 잃지 않는 경향을 가리킬 때 쓰인다. 때로는 다소 부정적인 의미로 긍정성이 과해 바보스러울 정도로 순진하거나 현실을 부정하는 이를 가리키는 말로 쓰이기도 한다.

소설 〈폴리안나의 편지〉에서 일찍이 엄마를 여의고 가난한 목사인 아버지와 함께 살았던 주인공 폴리안나는 아버지로부터 배운 '뭐든지 기뻐하기' 놀이를 주위 사람들에게 소개한다.

"내가 말이야 인형을 갖고 싶어 했거든. 그래서 아빠가 교회 본부에 부탁을 했는데, 인형은 오지 않고 지팡이가 와 버렸어. 담당 여직원의 편지엔 말이야, '인형이 없어서 지팡이를 보냅니다 누군가 지팡이가 필요한 아이가 있을지도 모르니까요'라고 쓰여 있었어. 그때부터 놀이가 시작됐어." 폴리안나가 말했습니다.

"하지만 그건 조금도 놀이가 되지 않을 것 같은데요. 무슨 말인지 알 수가 없어요."

낸시는 짜증이 나려 했습니다.

"뻔하잖아? 게임은 말야, 뭐든지 기뻐하는 거예요. 기쁜 일을 무엇에서든 찾는 거예요."

폴리안나는 더욱 열성이었습니다.

"그래서 당장 지팡이에서부터 시작한 거야."

"그러니까 우습단 말이에요. 인형을 갖고 싶은데 엉뚱하게 지팡이가 왔잖아요. 뭐가 기뻐요. 기쁠 리가 없잖아요?"

"그거야, 그거. 나도 처음에는 몰랐었는데 아빠가 가르쳐 주셨거든."

"그럼 나에게도 가르쳐 줘요"

"그러니까, 지팡이를 쓸 필요가 없으니까 기쁜 거야. 알겠지? 알고 나면 무척 쉬운 게임이야."

있다 셈치고
가졌다 셈치고

  세계적인 소프라노 조수미 씨는 한 TV프로그램에 출연해 오늘날의 자신이 있기까지의 어머니의 헌신을 이야기하면서 어려울 때마다 그녀를 일으켜 세웠던 '셈치기놀이'를 소개했다.

  어릴 때부터 어머니가 가르쳐 준 것이라고 했다. 가정형편이 넉넉하지 않았기에 어린 조수미 씨가 뭘 해달라고 해도 해주지 못할 때가 많았는데 그때마다 엄마는 "있다 셈치고", "가졌다 셈치고" 그렇게 마음을 다스리도록 교육했다.

  그게 몸에 배 이탈리아에서 혼자 생활하면서도, 데뷔무대에서 노래할 때도 "엄마가 옆에 있단 셈치고" 행동했다고 한다. 그러면 마음이 편해지고 자신감이 생겼다고 한다. 배가 고플 때는 밥 먹었단 셈치고, 외로울 땐 절친이 옆에 있단 셈치고…

  웃으면서 말했지만 큰 가르침의 울림이 있었다. 이렇듯 세계적 프리마돈나 조수미 씨의 성공 뒤에는 어머니의 지혜롭고 헌신적인 가르침과 그 가르침을 긍정적으로 잘 받아들인 조수미가 있었다.

  불타는 자동차에서 구사일생으로 살아나 사경을 헤맸으

나 지금은 사회복지학을 가르치는 대학교수로 희망을 전하는 아이콘이 된 이지선 씨. 그는 《지선아 사랑해》에서 "죽기보다 고통스런 경험과 타인들의 자신을 향한 연민과 혐오의 시선 속에서도 화상 이전의 나로 돌아가고 싶지 않다"고 말했다. 화상환자로 선택받은 삶에서 새롭게 의미와 기쁨을 찾게 됐다는 그녀의 이야기에 웬만한 고통과 질병으로 세상을 비관하는 것은 사치스런 투정으로 여겨지기도 한다.

기껏해야 총리

'뭐든지 기뻐하기 놀이', '셈치기 놀이'가 있다면 일본 소설가이자 수필가인 소노 아야코는 인간관계의 본질에 대해 말하면서 "자신을 추궁하지 말라"며 그러기 위한 방법으로 무슨 일에나 앞에 '기껏해야'를 붙여 볼 것을 제안했다. '기껏해야 소설', '기껏해야 총리', '기껏해야 선생님' 등 뭐든 상관없이. '기껏해야'는 결코 상대를 무시해서 하는 말이 아니다. '기껏해야 총리'라는 말은 그 사람이 더 이상 총리가 아닐 때도, 다시 말해 지위나 명예, 돈이 없어져도 상대를 존경하고 중요하게 생각한다는 것으로 이어진다고 했다. '기껏해야 총리'라는 식으로 생각하지 않으면, 총리직을 그만두자마자 그에 대한 태도를 바꾸게 된다고 말했다. 나는 그녀의 이야기에 동감한다.

당신이 부장이란 이유로 깍듯이 예의를 차리던 거래처의 카운터파트나 부서 직원들은 당신이 부장의 직함을 떼고 회사를 떠나는 순간 더 이상 존경의 대상이 아니게 되는 것이다. 부장이 아니더라도 당신을 존경했던 직원들이 있다면 그 사람들은 변함없이 안부를 물어올 것이었다. 너무나 당연한 사실인데 회사에 있을 때는 왜 몰랐을까.

소유효과

Endowment Effect

불행해지는 방법에는 두 가지가 있다.

원하는 것을 갖지 못하는 것, 원하는 것을 모두 갖는 것이다.

_에크하르트 톨레

사람들은 자기가 소유한 물건에 더 큰 가치를 부여한다.

찻잔의
권리금

　심리학자 댄 애리얼리Dan Ariely는 여러 학생에게 운동경기 결승전의 입장권을 추첨을 통해 무료로 나눠주었다. 이후 입장권을 받지 못한 학생들은 티켓을 돈을 주고 구매한다면 10달러를 지불할 용의가 있다고 말한 반면, 티켓을 무료로 받은 학생들은 이 티켓을 타인에게 판다면 20달러 이상을 받아야 한다고 생각하는 것으로 조사됐다.

　심리학자 대니얼 커너먼도 1991년 유사한 실험을 했다. 학생들에게 무작위로 찻잔을 나누어준 다음 그 찻잔을 팔 때의 가격을 적어보라고 했다. 그리고 다른 학생들에게는 찻잔을 살 때의 가격을 적어보라고 했을 때 그 가격이 서로 비슷할 것이라고 상상했지만 결과는 그렇지 않게 나났다.

　소유자들이 찻잔의 예상 가격을 5.25달러로 매긴 데 반해 구매자들은 2.5달러를 제시했다. 잠깐이라도 본인이 소유했다면 그 물건의 가치는 높아진다.

중고차의 가치의
아전인수

객관적으로 당첨 확률이 동일한 1,000원짜리 로또 복권을 남에게 팔 때는 1,000원 이상의 가치를 지닌 것으로 판단한다. 왠지 나의 당첨확률은 남들보다 높아 보인다. 부동산 중개업소에 집을 내놓는 집주인은 자신의 집은 다른 매물보다 높게 평가한다. 자신의 차를 중고차 시장에 내놓는 입장과 그 차를 중고차 시장에서 살 때의 가격은 서로 큰 차이가 난다. 그동안 집과 차에 들였던 애정이 마땅히 가치에 포함돼야 한다고 생각하지만 다른 집주인이나 다른 차주도 그럴 것이라는 생각은 하지 못한다.

소유효과에 어필하는
마케팅 기법

홈쇼핑채널에서는 일단 사용해보고 마음에 안 들면 반품을 보증한다거나 1주일 무료사용권 등을 제공하기도 한다. 반품에 따른 손실을 우려하지만 일단 소유하고 사용하게 되면 물건에 대한 애착이 생겨 반품의 확률이 예상만큼 높지 않다고 보는 것이다.

소유효과와
인간의 불행

소유는 인간에게 집착과 고통을 줄 수도 있다. '무소유'를 말씀하신 법정 스님은 물건을 소유함으로써 그 물건에 얽매여 오히려 소유를 당하게 되는 것을 경계하셨다. 누군가의 선물로 3년간 애지중지 키우던 난초를 어느 날 밖에 내놓은 후 외출을 했는데, 드리웠던 구름이 걷히고 햇볕이 나자 난초 생각에 허둥지둥 거처로 돌아오고 나서는 큰 깨달음을 얻게 된다. 아끼던 난을 타인에게 주고 난 후에야 홀가분한 마음이 될 수 있었다. 크게 버리는 사람만이 크게 얻을 수 있다는, 아무것도 갖지 않을 때 비로소 온 세상을 갖게 된다는 법정 스님의 가르침을 다시 새겨본다.

소유효과
vs 소유하고픈 효과

쿠르트 레빈Kurt Lewin의 실험이 있다.

유치원 아이들로 하여금 방안에 가득 장난감을 채워놓고 가지고 놀도록 한다. 그런데 장남감은 다리미가 없는 다리미판, 물 없는 물총 등 하나같이 결함이 있는 상태다. 처음에 아이들은 이러한 부족한 장난감을 가지고도 즐겁게 상상력과 창의력을 발휘해서 논다.

이런 아이들에게 잔인한 환경을 제공한다. 멋진 신상 장난감을 아이들에게 보여주되 가지고 놀지는 못하게 하는 것이다. 이렇게 되자 아이들은 지금껏 잘 가지고 놀던 장난감을 벽에 던지거나 무시하기 시작한다. 장난감을 가지고 노는 모습도 덜 행복하고 덜 창의적으로 변했다. 멋진 장난감을 바라보면서 아이들에게는 지금 가진 장난감으로 계속해서 복잡한 놀이를 생각할 만큼의 인지적 능력이 거의 남아있지 않게 된 것이다. 자신이 접근할 수 없는 일에 정신이 팔려 자신이 누릴 기쁨과 가능성을 좀처럼 보지 못하게 되는 것이다.

죽음을 앞둔 환자에게
필요한 한 가지

　당신이 지금 이 순간 당신의 인생에 만족하지 못하는 이유는 어쩌면 가진 것이 없어서가 아니라 너무 많이 가지고 있기 때문일 수도 있다.

　옷장에 걸려 있는 수많은 옷 중 딱히 입을 만한 것이 없어 불행을 느낄수 있지만, 옷이 단 두 벌만 있어 늘 하나를 벗어놓고 다른 하나를 입게 되면 그런 일은 없는 것이다. 나에게는 카메라가 그렇다. 가진 것에 만족하지 못하고 하나를 더 사는 순간 애정은 오래가지 못하고 더 좋은 신상이 나와 나를 괴롭힌다.

　남이 가진 것을 가지지 못해 불행하다 느껴질 때 당신이 가진 모든 것을 노트에 적어 보라. 충분히 행복할 만큼 이미 가진 것이 너무나 많다는 사실을 알게 될 것이다.

　죽음을 앞둔 환자는 다른 것이 하나 없어도 단지 건강한 신체만 가지고 있다면 얼마나 좋을까 하고 절규한다. 그러나 튼튼한 몸을 가진 자는 다른 것을 가지지 못해 몸이 망가질 때까지 애쓰며 평생을 불행하게 산다.

디지털
저장강박증

'저장강박증'이란 것이 있다. 가치 없는 물건도 버리지 못하고 쌓아두는 병이다. 버리는 것이 불안해 방 안 한가득 쓰레기를 모아놓고 살기도 한다. 저장강박증 환자들의 경우 지금 당장 필요가 없는데도 나중에 필요해질 수 있다는 불안감에 모아 놓거나 이유 없이 방치하는 경우가 많다.

최근에는 '디지털 저장강박증'까지 등장하고 있다. 스마트폰이나 컴퓨터에 불필요한 자료와 사진, 음악 등을 모아두는 강박증이다. 비슷한 사진이 수백 장이 있거나 수정을 거듭한 파일조차 지우지 못하는 경우 디지털에서 저장 강박적 행동을 보인다고 볼 수 있다. 스마트폰에 있는 사진을 지우자니 추억이 사라지는 것 같아 지우지 못한 사진이 수천 장이 넘는다.

Death
Cleaning…

우리는 다시 쓸 일이 없는 물건들도 혹시 언젠가는 쓸 때가 있을지도 모른다는 생각에 버리지 못한다. 이미 작아진

옷도 살을 빼면 입을 것이라고 생각하고 10년째 버리지 못한다. 하지만 내일 내가 죽는다고 가정하면 누군가가 남기고 간 내 물건을 정리하느라 기분이 행복하지 않을 거라는 생각이 들 것이다. 그래서 죽음을 가정하고 가진 것을 정리하는 일을 Death Cleaning이라 한다. 성철 스님이나 법정 스님이 남기고 가신 단출한 물건들이 그 결과다.

정리정돈의 전문가들은 "물건을 처분할지 말지를 정하는 기준으로 설레는 마음이 드는가를 기준으로 삼으라"고 충고한다. 새로운 신상은 마음이 설레어 산 것이다. 그러나 설렘이 오래가는 물건은 몇 개 안 된다. 그러므로 많은 물건을 살 필요가 없다. 있는 물건에 의미를 두고 설렘을 부여하면 된다.

내가 이미 가진 것을 귀하게 생각하는 마음에서 행복이 비롯되기도 한다. 영화 〈러브 어페어〉Love Affair에서는 "원하는 것을 가지려 하지 말고, 가지고 있는 것을 원하세요"라고 했고, 〈이프 온리〉If Only에서는 "가진 것에 감사하라"고 했다. 사람들은 더 많이 소유하기 위해 현재의 행복을 뒤로 미루지만 법정 스님은 "무소유란 불필요한 것을 소유하지 않는 것. 때때로 왜 두 개가 필요한가 질문해 보라"고 하셨다. 스님께서는 누군가로부터 만년필을 선물 받고는 너무 만족스럽고 기뻤는데 마침 해외 출장길에 같은 만년필을 보고 나중을 위해 하나 더 사서 만년필이 두 개가 되는 순간 하나가 있을 때만큼 애착이 가지 않아 더 이상 행복하지 않았다고 고백하셨다.

원래
내 것이란 없다

당신이 소유하고 있는 삶. 당신이 지금 사랑하는 사람. 현재에 감사하며 귀하게 평가하라. 자연이나 예술은 그 아름다움을 느끼고 감동하는 사람이 소유하는 것이다. 물건을 소유하려 하지 말고 존재하려 노력하라.

어느 선승이 말했다.

"사람은 반드시 죽는다. 언제 죽을지 모른다. 죽을 때 아무것도 가지고 가지 못한다."

원래 내 것이란 없이 빈손으로 세상에 왔기 때문에 본질적으로 인생에서 손해란 있을 수 없다. 돈, 지위, 권력… 이런 것들은 원래 내 것이 아니었다고 생각하면 인생이 겸손해지고 그간 소유하고 누렸던 것들에 감사하게 된다. 멀리 조금씩 사라져가는 것에 대해 마음이 편해진다.

"당신이 행복하지 않다면 집과 돈과 이름이 무슨 소용이 있겠습니까? 당신이 이미 행복하다면 그것들 또한 무슨 의미가 있겠습니까?"

　인도 벵갈의 성자 라마 크리슈나의 말씀이다.

선택의 역설

Paradox of Choice

우리에게 두 가지 선택이 주어진다면

후회가 남을 가능성도 두 가지다.

_앙리 카르티에 브레송

사람들에게 너무 많은 선택권이 주어질 경우 판단력이 흔들려 올바른 결정을 내리기가 더욱 힘들어지게 되고, 결국 소수의 선택권을 가졌을 때보다 안 좋은 선택을 하거나 심지어 결정 자체를 포기하기도 하는 현상이다. 선택할 수 있는 경우의 수가 너무 많으면 소비자는 모든 선택에 책임을 져야 한다는 부담과 잘못된 선택에 대한 두려움이 증폭되며 포기한 선택지에 대한 미련도 커지므로 스스로의 선택에 대한 만족도가 떨어지게 되기 때문이다.

고르는
스트레스

 심리학자 쉬나 아이엔가Sheena Iyengar와 마크 레퍼Mark Lep-
per는 너무 많은 선택권이 실질적인 구매로 어느 정도 이어
지는지 보기 위해 다음과 같은 실험을 했다.

 캘리포니아의 식품점에서 다양한 잼을 시식할 수 있도
록 했다. 실험 조건을 두 가지로 나눠 한쪽에는 6가지의
잼을, 다른 한쪽에는 24가지의 잼을 소비자들이 선택하도
록 했다.

 실험 결과, 선택할 수 있는 잼이 적었던 쪽6종류의 잼은 잼을
시식한 고객이 40퍼센트였으나 실제로 구매한 고객은 12
퍼센트였다. 반대로 선택할 수 있는 잼이 많았던 쪽24개종은
잼을 시식한 고객은 60퍼센트로 많았으나 잼을 실제로 구
매한 고객은 2퍼센트 미만이었다. 넓어진 선택의 폭이 꼭
구매자를 만족시켜 구매로 이어지는 것은 아니었다.

 24가지의 잼 중 하나를 고르기 위해서는 나머지 23가지
를 포기해야 하며, 이때 포기하는 다른 대상이 더 나을 가
능성, 즉 '기회비용'이 발생하게 된다. 하나를 선택하기 위
해서는 나머지 23가지에 대한 충분하고 합리적인 고려를
하느라 많은 시간이 소요돼 우리의 머리와 마음은 혹사당

하게 된다. 더 많은 선택 대안이 감내할 수준을 넘어서면 소비자는 선택이 번거로워져 구매를 축소하거나 구매 자체를 포기하기에 이른다. 적정 수준의 선택권 증가는 행복을 가져올 수 있지만, 너무 많은 선택권은 오히려 심리적인 긴장과 스트레스, 후회 등을 불러일으키는 부정적 효과가 큰 것이다.

돌아온 잡스의 선택

'선택의 역설'을 주장한 배리 슈워츠Barry Schwartz는 자유라는 것은 기본적으로 복지향상을 의미하고 선택의 폭이 넓다는 것은 자유를 상징하지만 너무 많은 선택에 놓이면 자유가 아니라 피로를 느끼고 마비 현상이 온다고 주장했다.

선택권이 너무 많으면 자신의 선택에 대한 만족도가 떨어진다. 왜냐하면 좋은 선택을 해도 다른 것들과 비교하게 되고 선택하지 않은 것에 대한 기회비용은 우리의 선택이 아무리 매력적이어도 만족도를 떨어뜨린다.

자신이 창업한 애플에서 쫓겨났던 잡스가 1997년 애플에 복귀한 후, "사람들은 일상 속 선택의 순간에 대해 고민할

시간이 없다"며 제품 종류의 70퍼센트를 없애버린 것은 이런 선택의 역설을 이해한 결정이었다.

"원톨로지스트, 내가 뭘 원하는지 알려줘"

1995년 온라인서점 아마존이 출범하면서 모든 것이 변했다. 아마존은 처음부터 "이 책을 주문하셨네요. 비슷한 책을 한 권 더 사실래요?"라고 즉석에서 책을 추천하는 당시에는 혁신적이고 놀라운 서비스를 제공했다.

이후 많은 기업에서 고객의 선택을 도와주는 서비스 프로그램 개발 경쟁에 들어갔다. 수많은 선택지의 상품을 보유한 은행에서는 AI를 이용해 고객의 리스크 선호도, 기타 정보를 활용한 금융상품을 제안하는 시스템을 선보이고 있고, 카드업계 역시 고객의 소비 패턴 정보를 활용한 최적의 카드를 제안한다.

인터넷 쇼핑몰의 경우 너무 많은 상품이 검색될 경우 선택하기 어렵기 때문에 챗봇 등을 통해 상품을 쉽게 고르게 도와주는 집사 역할을 제공한다.

너무 많은 선택의 여지가 낙담을 불러일으키는 것은 사실이지만, 그렇다고 '선택의 여지가 없음'이 좋은 대안은 아닐 것이다.

미래학자 앨빈 토플러는 1970년에 출간한《미래의 충격 Future Shock》에서 미래의 딜레마가 '선택의 과잉'overchoice이라고 했다. 문명은 인류에게 더 많은 선택 가능성을 제공해왔고, 그로 인해 어려워진 선택은 검색엔진이나 추천 시스템 등의 도구를 통해 해결될 것이라고 전망했다.

선택할 때 생기는 어려움은 "나는 무엇을 원하는가?"가 불분명하기 때문이기도 하다. 그런 이유로 '원톨로지스트'wantologist라는 신종 직업마저 생겨났다. 원톨로지스트는 고객이 마음속으로 절실히 원하는 게 무엇인지 알아보고 결정해주는 사람이다. 이제 우리가 원하는 게 무엇인지 아는 것조차도 전문가의 도움이 필요한 시대가 됐다.

마케터는 극대화자
소비자는 만족자

정보가 넘쳐나는 시대에는 선택의 어려움을 겪는 소비자에게 자신이 믿고 선택하는 브랜드의 중요성은 더욱 커진다. 슈워츠는 선택에 있어 "최고만 추구하는 '극대화자'maximizer는 결코 만족할 수 없는 비참의 나락으로 떨어질 수 있다"며 그 대안으로 '만족자'satisfier 모델을 제시한다. 만족자는 나름의 기준과 표준을 갖고 있기에 그걸 충족시킬 때까지만 탐색을 하며 그 시점이 되면 탐색을 중단한다.

예컨대, 만족자는 자신이 갖고 있는 기준의 크기, 품질, 가격에 맞는 스웨터를 발견하면, 더는 가게를 둘러보지 않고 그것을 구매한다는 것이다. 하지만 '극대화자'는 온갖 종류의 후회, 특히 '구매자의 후회'에 만족자보다 훨씬 더 민감하다.

기업의 마케터는 하루 대부분의 시간을 자사 제품에 쏟는다. 그런데 그 어느 소비자도 제품을 선택하는 데 마케터만큼 고민하지 않는다. 마케터는 극대화자 경향이 있지만 소비자는 만족자가 대부분이다.

대다수의 마케터가 자신은 고객의 입장에서, 고객의 눈높이에서 생각한다고 믿지만 그렇지 않을 가능성이 높다. 제품의 탁월성을 고객에게 알려주려 하지만 대부분의 사람은 몰라도 되는 복잡한 기능에 대해서는 중요하지 않게 생각할 가능성이 높다. 고객과의 대화와 소통이 중요한 이유다. 직접 고객이 돼 보는 것이 중요하다.

배리 슈워츠는 선택의 고통을 누그러뜨릴 방법으로 적당히 좋은 것을 수용하는 법을 터득해 극대화를 삼가고 적당히 만족하라고 충고한다. 최고를 지향하기보다는 충분히 좋은 것에 만족하라는 것이다. 아무리 꼼꼼한 사람이라도 모든 영역에서 극대화자가 될 수는 없다. 그런 사람도 몇몇 영역에서는 적당한 만족자로 산다. 그러니 적당히 좋은 것을 수용하고 인정하는 법을 배워 점점 더 많은 영역에서 적당한 만족자가 되면 된다. 배리 슈워츠가 제시하는 행복한 선택을 위한 마음자세는 다음과 같다.

- 다른 생각을 할 수 없도록 돌이킬 수 없는 결정을 내린다.
- 좋은 것들이 훨씬 좋게 느껴지도록 감사하는 자세를 기른다.
- 부질없는 생각을 버리고 행복을 얻기 위해 덜 후회한다.
- 시간이 갈수록 거기서 느끼는 즐거움이 줄어들 수밖에 없다는 적응을 예상한다.
- 과도한 기대는 만족감을 떨어뜨리니 기대를 다스린다.
- 만족감을 줄어들게 하는 사회적 비교를 삼간다.
- 선택의 자유가 선택의 횡포로 바뀌지 않도록 제약을 사랑하

는 법을 터득한다.

번복 불가능한
결정의 힘

사람들은 환불 가능한 가게를 불가능한 가게보다 좋아한다. 그러나 마음을 바꾸어도 되기 때문에 마음을 바꿀 가능성이 높아진다는 것은 깨닫지 못한다. 만족스러운 선택을 위해 경우에 따라서는 번복 불가능한 결정의 힘이 필요하다. 예컨대, 결혼에서 인생의 반려자는 살다가 이 사람 저 사람과 비교해보고 더 좋은 사람이 있으면 교환할 수 있는 존재가 아니다. '나의 배우자가 최선의 선택이었나?', '더 나은 선택은 없는가?' 하고 생각하는 것은 불행하기만 할 뿐이다. 절대로 되돌릴 수 없는 선택을 했다 여기고, 딴생각하지 말고 지금의 관계를 개선하는 데 매진하는 것이 낫다.

어떤 경험이든 마음에 드는 점과 실망스러운 점이 있게 마련이다. 더 좋은 대안을 상상하면 실제로 선택한 것이 나쁘게 보이고 더 나쁜 대안을 상상하면 실제로 선택한 것이 좋게 보인다.

자신의 선택이나 경험에서 좋은 점에 더 감사하고 나쁜

점에 더 적게 실망하려고 의식적으로 노력하면 주관적 행복이 더 크게 증진될 수 있다.

짬짜면과
아무거나

우리는 경험의 질을 평가할 때 나를 남과 비교한다. 사회적 비교를 하면 유용한 정보를 입수할 수 있지만 대체로 우리의 만족감은 줄어든다. 그래서 남들과 덜 비교하면 더 큰 만족감을 얻게 된다. 남들이 어떻게 사는지에 대한 지나친 관심과 비교를 멈추자. 나를 행복하게 하는 것들, 나의 인생에 의미를 부여하는 것들에 집중하자.

직장인은 매일 점심식사 메뉴를 선정하면서 고민한다. 오죽하면 짜장이냐 짬뽕이냐의 사이에서 '짬짜면'이 탄생하고, "뭐 먹을까?" 하는 어려운 질문에 '아무거나'라는 메뉴가 탄생했을까.

예전에는 TV 채널이 4개 정도라도 재미있었다. 지금은 채널이 200가지가 넘는다. 게다가 이미 지난 프로그램의 다시보기도 가능하다. 그런데도 재미있는 것이 없다고 리모컨 버튼을 눌러대며 불평한다. 더 재미있는 채널을 찾다 보면 결국 아무것에도 재미를 찾을 수 없다.

잘살게 됐는데
행복지수가 낮아진 이유

예전 다방커피는 커피 두 스푼, 설탕 두 스푼, 크림 두 스푼의 커피. 미팅 나온 여학생이 정말 마음에 들 때 비엔나 커피 정도가 선택의 전부였다. 요즈음은 커피를 주문하는 데도 메뉴판이 등장한다. 그냥 커피 달라고 하면 점원이 자꾸 물어본다. "부드러운 것, 진한 것?", "사이즈는?", "따듯한 것, 아이스?" "크림 얹어서, 빼고?", "매장에서, 가지고 가실 런지?" 등.

다양한 커피를 마시는 우리는 더욱 행복해졌을까? 우리는 객관적으로는 잘살고 있지만 행복지수는 낮아졌다.

세상에는 아직도 선택권이 많아서 문제인 곳보다 너무 적어서 문제인 곳이 많다. 선택권이 없는 것보다 많은 것이 좋긴 하지만 무조건 많다고 좋은 것은 아니다.

선택한 것을
사랑하라

　과거에는 나의 결혼조차 선택의 여지가 없었다. 부모님이 정해주는 맞선자리 말고는 자유연애가 극히 제한됐다. 요즈음은 순전히 자신의 선택 영역이다. 선택의 대상도 무궁무진하고 선택의 책임도 온전히 자신에게 있다. 그 결과 아예 선택을 포기하는 현상까지 발생한다.

　진정 내가 원하는 것, 내게 필요한 것, 나와 어울리는 것은 무엇인가를 정하는 것이 선택에서 제일 먼저 할 일이다. 안 그러면 모든 것이 한눈에 좋아 보이지만 금방 싫증이 나 선택하기 힘들다.

　최고의 선택을 해야 한다는 기대와 욕망을 버려라. 최악의 선택을 하지 않았다면 나름 선방한 것이니 그에 만족할 일이다. 선택한 것에 대해 애정을 쏟고 의미를 부여하라. 선택하지 않은 것들에 대해서는 한 줌의 미련도 남기지 말라.

손실회피성향

Loss Aversion

무언가를 사랑하고 감사하려면

그것을 언젠가 곧 잃게 될 수 있다고 생각하라.

우리는 얻는 것의 가치보다 잃어버린 것의 가치를 더 크게 평가한다.
1만 원을 잃었을 때의 고통의 크기는 1만 원을 얻었을 때의 기쁨보
다 2배 이상 크다.

잃는 것에 더
민감하도록 길들여져

심리학자 대니얼 카너먼Daniel Kahneman은 다음과 같은 실험을 했다. 한 사람에게 10달러를 주고 난 후에 동전을 던져 앞면이 나오면 받은 10달러를 되돌려줘야 하고 뒷면이 나오면 20달러를 추가로 받을 수 있는 게임에 참여하겠느냐는 질문에 90퍼센트에 달하는 많은 사람이 참여하지 않겠다고 거부했다.

20달러를 더 받아 총 30달러를 얻는 기쁨보다는 이미 받은 10달러를 잃어버리는 고통이 더 크다는 것을 증명하는 실험이다.

사람들이 일반적으로 '손실회피성향'Loss Eversion을 보이는 것은 인류의 오랜 역사로 기원을 찾아 올라갈 수 있다. 진화론적으로 볼 때 단 한 번의 실수로 무언가를 잃는다는 것 또는 위험에 빠지는 것은 곧 치명적인 결과를 가져오기 때문에 유전자를 후대에 남기기 위해서는 얻는 것보다는 잃는 것에 더욱 민감하도록 길들여져 왔다고 추론할 수 있다.

회복할 전망 없는 반토막 난
주식을 가지고 있는 경향

주가가 하락한 주식시장에서 더욱 하락세가 예상될 때도 투자자들은 손실을 받아들이기보다는 여전히 주가가 다시 회복될 것을 기대하는 경향이 있다. 현실화되지 않은 손실은 아직 손실이 아닌 것으로 생각하기 때문이다. 이런 이유로 원금손실을 본지 오래된 펀드를 오랜 시간이 지나도록 보유하고 있는 고객이 금융기관에는 많다.

현금 결제능력이 충분히 있음에도 신용카드로 결제하기를 선호하는 것도 손실회피 성향이 반영된 것이다. 현금을 지불하면 바로 손실감으로 이어지겠지만 신용카드는 한두 달 후에 손실감으로 이어지기 때문이다.

기회를 "활용하라"보다
"놓치지 마라"에 끌린다

사람들을 설득하는 데서 이와 같은 심리적 현상이 종종 이용된다. 누군가를 설득하기 위해서는 그 때문에 얻게 되는 이익을 가지고 설득할 때보다는 그 때문에 감수해야 하거나 피할 수 있는 손실을 가지고 설득하는 게 더욱 효과적이다.

[1] "매년 유방암 검사를 통해 암을 조기에 발견해 제거할 수 있습니다"

[2] "매년 유방암 검사를 하지 않으면 당신은 조기에 발견할 수도 있는 암을 제거하지 못하는 위험을 감수하게 됩니다"

두 가지 팸플릿에서 각기 다른 전화번호를 적어놓았더니 [2]번 팸플릿을 읽은 사람들이 훨씬 더 많은 전화를 걸어온 것으로 나타났다.

이러한 심리를 적용하면 광고카피는 [1]"20퍼센트 할인된 가격으로 신제품을 구입할 기회를 활용하세요"가 아닌 [2]"20퍼센트 할인된 가격으로 신제품을 구입할 기회를 놓치지 마세요"로 하는 것이 더욱 설득력이 있다.

실제로 광고문구 실험을 통해 손실회피성향의 효과를 증명한 실험이 있다.

가브리엘 홉데이Gabrielle Hobday 와 리처드 쇼튼Richard Shorten의 연구를 보자.

834명을 대상으로 한 에너지 공급업체 변경에 대한 광고의 문구를 두 가지로 제시했다.

[1] 거래업체를 바꾸면 100파운드를 아낄 수 있다.

⋯▶ 그 결과 7.4퍼센트가 전환 의향을 보임.

[2] 거래업체를 바꾸지 않으면 100파운드를 손해 본다.

⋯▶ 그 결과 10.7퍼센트가 전환 의향을 보임.

"사면 이익"이란 관점보다
"안 사면 손해"란 프레임

수박 한 통에 1만 원인 슈퍼마켓에서 1인가구를 위해 수박 반 통을 판매한다. 이 수박 반 통의 가격을 5,000원이 아닌 7,000원으로 올리게 되면 1만 원짜리 수박이 오히려 더 잘 팔리는 현상이 나타나기도 한다. 1만 원짜리 수박의 절반이면 5,000원인데 이를 7,000원에 비싸게 판다고 생각하기보다는 절반의 수박이 7,000원이면 온전한 한 개는 1만 4,000원인데 이 수박을 1만 원에 사지 않으면 손해라는 생각이 들 수 있기 때문이다.

'사면 이익'이라는 관점보다는 '안 사면 손해'라는 프레임으로 접근하는 것이 더욱 효과적이다.

"결사 찬성"은 없어도
"결사 반대"는 많다

어느 학자는 수년간의 PGA에서의 퍼팅 성공률을 분석했다. 홀컵까지 같은 거리의 퍼팅에 있어서 버디 퍼팅과 파 퍼팅의 성공률을 분석한 것이다. 프로골퍼들은 버디를 하는 것은 한 타를 줄이는 이득으로 인식하는 반면, 파 퍼팅을 놓쳐 보기를 하는 것은 한 타를 잃는 손실로 여긴다.

따라서 재미있게도 같은 거리의 버디퍼팅보다는 손실의 고통을 회피하려는 생각에 더욱 신중할 수밖에 없는 파 퍼팅의 성공률이 더 높게 나타나는 것으로 분석됐다.

어떠한 정책 때문에 누군가는 혜택을 받게 되고 누군가는 손실을 입게 된다고 했을 때 일반적으로 이득을 얻는 사람의 찬성의 강도보다는 손실을 입는 사람의 반대의 강도가 훨씬 더 세다.

어느 지역의 개발사업으로 누군가는 혜택을 보고 누군가는 손실을 보는 경우, '결사찬성'의 현수막은 보기 힘들지만, '결사반대'의 현수막은 흔하게 나부낀다. 그래서 항상 개혁은 어렵다. 기득권자들의 손실은 비록 새로 얻게 되는 사회 전체적인 이득과 비교해 적더라도 손실을 감수해야 하는 그들에게는 참을 수 없는 고통이 되기 때문이다.

우리 삶에서의
손실회피성향

우리는 나쁜 것에 더 주목한다. 직장에서 잘하면 칭찬이나 표창장, 상금을 받는 것이 고작이지만 잘못하면 승진에서 영영 누락되거나 사고경위서를 쓰거나 해고를 당할 수도 있다는 공포감을 느낀다. 그래서 복지부동의 유혹에 노출돼 있다. 접시를 잘 닦아봐야 본전이지만 행여 접시를 깨게 된다면 만회할 길이 없다. 직장생활에서 나타나는 손실회피성향의 한 단면이다.

우리의 삶에서도 남으로부터 받은 것은 잘 기억하지 못하지만 남에게 주었던 것, 남에게 빼앗겼던 것은 오랜 시간 잊히지 않는다.

우리는 성인이 될 때까지 부모님으로부터 받은 것은 기억하지 못하지만, 부모님께 지난 명절 드린 용돈의 액수는 정확히 기억한다. 이제는 다 컸다고 부모 이야기에 툴툴거리는 밉상 자식들도 그 옛날 그 아이들이 태어나 기쁨이 됐고 재롱을 바라보면서 얼마나 행복했었는지, 아이들로부터 받은 것을 생각해 보면 그리 섭섭할 일이 아니다. 그러니 성인이 됐다면 자식을 소유하려 하지 말고 쿨하게 떠나보내는게 좋다. 아무튼 손실의 고통은 얻었을 때의 기쁨에 2.4배에 달한다고 하니 우리가 무엇을 잃고 슬퍼하거나 고통스러워한다면 우리는 정상적인 마땅한 불행감보다 2.4배 과대포장 했다고 생각하면 될 듯하다. 그러니 무언가 잃었다고 너무 징징거리지 말자. 소소하게 잃은 것을 셈하느라 얻은 것을 헤아리는 기쁨을 다 소진해 버릴 수 있다. 잃게 되는 것은 고통스럽다. 그래서 무엇인가를 사랑하고 감사하려면 그것을 언젠가 곧 잃게 될 수도 있다고 생각하면 된다.

기저율의 무시

Neglect of Base Rate

사랑하라, 한 번도 상처받지 않은 것처럼

_알프레드 디 수자

어떤 인물 또는 사건에 대한 상세한 설명이나 묘사가 오히려 통계적
진실을 왜곡시키는 현상.

마르쿠스는 안경을 낀 호리호리한 남자로 모차르트를 즐겨 듣는다. 마르쿠스의 직업을 추정한다면 당신은 누구에게 한 표를 주겠는가?

[1] 화물트럭 운전사
[2] 프랑크푸르트대 문학교수

당신이 [2]를 선택했다면 당신은 기저율을 무시하는 오류에 빠진 것이다. 조금만 더 시간을 갖고 곰곰히 생각해 보면 화물차 운전자의 수가 프랑크푸르트대 문학교수의 수보다는 압도적으로 많을 것이며 따라서 안경을 낀 호리호리한 체격을 가진 모차르트를 좋아하는 화물트럭 운전사가 프랑크푸르트대 전체 문학교수의 숫자보다 많을 것임에는 틀림없다.

대니얼 카너먼은《생각에 관한 생각》Thinking Fast and Slow에서 다음과 같은 예를 들었다. 수줍고 소심한 성격에 정리정돈을 잘하고 깔끔한 성격의 A라는 남자의 직업이 [1] 농부일 확률과 [2]도서관 사서일 확률을 사람들에게 물어보았을 때 의외로 대다수가 [2]도서관 사서를 선택하는 오류를 범하는 것을 발견했다. 사람들은 농업인구가 도서관 사서의 수보다 20배 이상 많을 것을 생각하지 않고, 수줍고 소심하며 정리정돈 잘하는 농부가 얼마나 될지 고려하지 않는다. 사람들의 이러한 편향을 '기저율의 무시'라고 한다.

무슬림을 모두 테러리스트로
보아서는 안 되는 이유

비행청소년 1,000명을 조사했더니 990명이나 게임에 중독돼 있었다. 따라서 인터넷게임에 중독되면 비행청소년이 될 확률이 99퍼센트라는 주장은 전체 인터넷게임 인구를 고려하지 않은 틀린 주장이다.

초등학생들 사고의 95퍼센트가 학교, 학원, 집 또는 그 주변에서 일어나는 것으로 조사됐다. 따라서 우리 아이들을 사고로부터 보호하려면 아이들을 집, 학교, 학원에 안 보내고 멀리 외지로 내보내는 것이 좋다는 주장은 누가 봐도 터무니없는 것과 같다.

이는 대한민국의 역대 대통령을 보면 90퍼센트가 남자였기에 따라서 대한민국에서 남자로 태어나면 90퍼센트가 대통령이 된다는 주장과 동일하다.

아울러 최근 뉴스에서 발생한 거의 모든 테러가 무슬림 소행이었다는 사실을 테러에 가담하지 않고 착하게 사는 수많은 무슬림을 테러리스트로 간주하는 증거로 사용해서는 안 된다. 대형 테러 참사의 테러리스트가 1,000명이고 그중 이슬람교도가 999명이서 그 비율이 99.9퍼센트라고 하더라도 전 세계 이슬람교도 10억 명 중 테러리스트 999명은 불과 0.0001퍼센트에 불과하므로 무슬림을 모두 테러리스트로 보아서는 안 되는 것이다.

확률의 무시

사람들은 확률에 대한 직관적인 이해가 부족한 경향이 있다. 우리는 복권, 도박의 상금 크기는 주시하지만, 그 사건이 일어날 확률에는 크게 관심 갖지 않는다. 사람들은 당첨 가능성, 즉 확률을 고려하지 않고 당첨 상금이 높은 복권을 더 매력적으로 생각하고 도전한다.

[1] 100억 원의 당첨금을 주는 복권, 당첨 확률이 1,000만 분의 1

[2] 1,000만 원의 당첨금을 주는 복권, 당첨 확률은 1,000분의 1

사람들은 [2]의 복권이 경제적 이득을 얻을 가능성이 훨씬 높음에도 [1]의 복권을 사는 데 지갑을 연다.

1972년 시카고대 한 연구팀은 전기자극 실험을 진행했다. 연구가들은 실험 참가자들을 두 그룹으로 나누고 첫 번째 그룹에는 전기 자극을 받을 확률이 100퍼센트라고 말해줬다. 그리고 두 번째 그룹에게는 전기 자극을 받을 위험이 50 퍼센트라고 말했다. 이어 연구가들은 실험이 시작되기 직전에 피험자들에게 일어나는 신체적 흥분 상태 심장박동, 신경과 민, 손에서 땀이 나는 정도 등를 측정했다. 결과는 당혹스러웠다. 양쪽 그룹이 똑같은 정도로 흥분하고 있었던 것이다.

연구가들은 그 후 실험에서 두 번째 그룹에게 전기 자극을 받을 확률을 20퍼센트, 10퍼센트, 5퍼센트로 점차 줄여 나갔지만 결과는 여전히 아무런 차이가 없었다. 그다음 실험에서 연구가들은 전기 충격의 강도를 예고 없이 높였다. 그러자 양쪽 그룹의 차이는 없었지만 신체 흥분 정도는 눈에 띄게 상승했다.

실험 결과가 의미하는 것은 사람들이 어떤 사건의 예상된 정도도박 상금의 크기, 전압의 강도 따위에는 분명하게 반응하지만, 그 사건이 일어날 확률에는 크게 반응하지 않는다는 것이다. 달리 표현하면, 우리에게는 확률에 대한 직관적인 이해가 결여돼 있다고 볼 수 있다. 사람들에게 위험 확률 1퍼센트 는 100퍼센트, 50퍼센트와 큰 차이가 없는 것이다. 오직 위험 확률이 '제로'가 됐을 때 다르게 느낀다. 이를 '제로리스크편향'Zero-Risk Bias라고 한다.

작은 숫자 법칙에 대한 믿음

이러한 이유로 도박에 중독된 사람은 이길 확률이 희박해 지더라도 판돈이 커지는 도박판으로 옮겨간다. 질수록 과거의 손실을 만회하기 위해 판돈이 크고 확률이 낮은 도박에 승부를 건다.

수입차를 경품으로 내건 대형 유통업체의 광고에는 솔깃하지만, 사연을 보내면 커피 쿠폰을 보내주는 청취율 낮은 라디오 프로그램에는 반응하지 않는다. 주식으로 손해를 본 사람들은 리스크를 고려하지 않고 두 배가 오를 IT, 바이오 관련 주식에 '몰빵' 하고 시중 예금금리의 두세 배 정도 되는 성장주나 안정주식에는 크게 반응하지 않는다.

확률을 고려치 않은 또 하나의 오류에는 '작은 숫자 법칙에 대한 믿음' Belief in the law of small numbers이 있다. 대상이 되는 샘플이 적은데도 그 결과를 완전하다고 믿는 것을 말한다. 동전의 앞면이 3번 연속해서 나왔으니 다음 4번째는 뒷면이 나올 확률이 높다고 생각하는 것, 이른바 '도박사의 오류' Gambler's Fallacy도 소수의 법칙에 의거한 판단 오류다.

비록 던지는 횟수가 많을수록 동전의 앞면이 나올 확률은 1/2로 수렴하기에 네 번째 던지는 동전의 확률을 다르게 생각하기 쉽지만, 어쨌든 다음에 던지는 동전의 확률은 여전히 앞면 또는 뒷면이 나올 확률이 공히 1/2이다.

린다
프라슬럼

사람들은 두 가지 사건의 결합, 즉 교집합이 여러 사건 중하나의 사건에 비해 더 발생확률이 높다고 판단하는 오류를 범하게 되는데, 이를 '결합오류' Conjuction Fallacy라 한다. 아모스와 카네만은 린다라는 가상의 여인을 설정해 휴리스틱과 논리의 충돌이 발생하는 것을 관찰했다. 린다는 다음과 같이 묘사됐다.

'린다는 31세의 미혼여성이다. 직설적인 화법을 구사하고 매우 똑똑하다. 학창시절에는 차별과 사회정의 문제에 매우 관심이 많았고, 반핵시위에도 참여한 바 있다.'

아래 두 가지 설명 가운데 린다에게 보다 가능성 높은 설명은 무엇인가?'

[1] 린다는 은행 텔러다.

[2] 린다는 페미니스트 여성 은행 텔러다.

박사과정에 있는 학생들을 대상으로 조사한 결과, 놀랍게도 85퍼센트에 이르는 사람들이 린다를 페미니스트 은행 텔러일 가능성이 더 높다고 응답했다. 그러나 논리적으로는 은행 텔러에는 페미니스트인 은행 텔러와 페미니스트 아닌 은행 텔러가 있을 터이므로 당연히 [1]의 가능성이 [2]보다 높다.

위의 오류에 빠진 사람들도 다음의 문제로 둘 중 어떤 일이 일어날 확률이 높은가에 대한 질문에는 대부분 정답을 말한다.

[1] 제인은 교사다.

[2] 제인은 교사이고 걸어서 출근한다.

대다수가 [1]의 확률을 더 높게 생각한다. 린다 문제와 동일한 논리구조를 가지고 있지만 오류에 빠지지 않는 것이다. 걸어서 출근한다는 사실은 단지 보다 자세한 설명일 뿐 더 타당성이 있거나 더 정합적인 이야기가 아니기 때문이다.

[1] 내년 북미지역 어딘가에서 대규모 홍수가 발생해 1,000명 이상이 익사한다.

[2] 내년 언젠가 캘리포니아에서 지진이 일어나 1,000명 이상이 익사하는 홍수가 발생한다.

논리적으로는 [1]의 시나리오의 확률이 [2]보다 높지만 [2]는 더 풍부하고 정합성 높은 시나리오를 갖춘 타당성이 높은 이야기로 인식돼 사람들은 [2]의 확률이 더 높을 것이라는 착각에 빠지게 되는 것이다. 사람들은 타당성과 논리적 확률을 혼동하는 오류를 범하기 쉽다.

일상생활에서 빠지는 이른바 확률이란 이름으로 벌어지
는 판단의 오류를 살펴보자.

'최근 우리 부서에서는 나쁜 일이 여러 번 일어났으니 이
젠 확률상 좋은 일이 생길 차례야.'

'요즘 우리 부서에서는 나쁜 일만 계속 생기니 아무래도
조만간 또 나쁜 일이 생길 확률이 높아.'

모두 근거에 기반하지 않는 생각의 오류다.

꼰대들의 상투어인 '나 때는 말이야', '내가 해봐서 아는
데" 하고 있다면 당신은 '적은 수의 법칙'에 빠져 있을 가능
성이 높다. 그 '해봤다'는 경험이 통계적, 확률적으로 의미
있는 숫자의 경험인가? 아니면 그저 어쩌다 몇 번 해본 적
은 숫자의 단순한 경험인가? 과거의 환경과는 다른 새로운
환경이나 상황에서 과거의 경험이 여전히 유효한가에 대
한 질문이 필요하다.

주위 친구들 가운데 나만 못살고, 나만 가난하고, 나만 불
행하다는 생각이 들 때는 통계적으로도 그런지 따져봐야
한다. 경제적인 이유로 불행하다면 전 세계 인구의 소득분
위를 당신의 소득과 비교해 보는 것을 권한다. 너무 적은

수의 표본 추출, 즉 주위에 잘사는 친구 소수만 모집단에 넣고 나를 그들과 비교분석하는 것은 진실을 제대로 반영해 주지 못한다.

적은 표본에 대한 사람들의 과장된 믿음은 후광효과, 즉 우리가 사실은 전혀 모르는 사람을 잘 알고 이해하고 있다고 착각하는 것에서 나올 가능성이 높다. 타인이 페이스북, 인스타그램에 올린 여행사진 몇 컷은 그 사람 인생 전체를 행복하고 부유한 사람으로 오해하게 만드는 오류에 빠뜨린다. 소규모 표본에 대한 과장된 신뢰는 일반 착각의 한 가지 사례일 뿐이다.

행복할 확률 높은 소소한 행복 추구

사람들은 행복을 동기 가운데 선두를 끊는 승진, 로또 당첨, 내 아파트 가격의 급등, 자식들의 명문대 입학 등 대박 사건에 있다고 생각하며 지금 당장 누리며 느낄 수 있는 소소한 행복에는 주의를 기울이지 않는 경향이 있다. 당신의 아이가 밤늦도록 책상에 앉아 공부하지 않는다고 불평하지 마라. 그 시간에 아이가 집에 들어와 있는 것만으로도 행복이라고 느끼는 사람들이 주변에는 꽤 있다.

작지만 틀림없이 행복했던 경험, 틀림없이 행복할 확률 100퍼센트의 '소확행'을 리스트업 해보는 것을 권하고 싶다.

■ 사랑하는 가족과의 주말 늦은 아침의 브런치 외식

■ 아내와 함께 보는 심야영화

■ 호젓한 뒷산 산책로를 음악을 들으며 홀로 걷기

■ 소중한 옛 인연에게 쓴 손편지 들고 우체국 가기

그간의 경험상 100퍼센트 틀림없이 행복한 작은 것들을 기억하라. 행복은 강도가 아니라 빈도라고 했다. 작은 행복을 자주 느끼는 것이 행복으로 가는 지름길이다.

epilogue

사십이 되면
더 이상 투덜대지 않겠다.
이제 세상 엉망인 이유에
내 책임도 있으니
나보다 어린 사람들에게
무조건 미안하다.

   제가 좋아하는 전윤호 시인의 〈서른아홉〉이라는 시의 일부입니다. 이미 오십이 훌쩍 넘은 저로서는 이제 누구를 탓하거나 불평불만을 토로하기에는 남부끄러운 나이가 되고 말았습니다. 몸담은 회사나 세상을 바꾸겠다고 나서기에 앞서 나 자신이 먼저 바뀌어야 함을 소홀히 한 것이지요. 불행도 사유재산이라서 버리지 않고 소중히 간직한다면 언젠가 큰 힘이 되어 자신에게 보약이 될 수 있는 것처럼, 내가 몸담은 조직에서 느꼈던 문제들을 홀대하지 않고 소중하게 바라본다면 언젠가 위대한 기업으로 우뚝 서는 데 힘이 될 귀중한 자산이 될 것이라고 믿으며 글을 썼습니다.

어쨌거나 직장에서 함께했던 후배들에겐 있을 때 더 훌륭한 선배가 됐어야 했는데 그러지 못해 미안한 마음입니다.

지난 삼십 년을 함께한 직장생활은 되돌아보면 너무나 짧고도 아름다웠습니다. 그때는 왜 그것이 그리 보이지 않았을까요? 대부분의 사람은 행복할 때 충분히 행복한지 모르고 더 행복해지려 하기 때문에 불행해집니다. 지금 직장을 다니고 계신 분들은 충분히 행복한 것이라고 말씀드리고 싶습니다.

제 소소한 경험을 책으로 내기까지 염려와 걱정이 많았습니다만 이 책이 나올 수 있도록 격려와 도움을 주신 〈공감의기쁨〉의 이임광 대표님과 거친 생각과 부족한 글을 다듬느라 수고해 주신 스태프 여러분께 감사드립니다.

《슬기로운 부장생활 1》에 소개된 심리법칙

권위자편향 Authority Bias 권위자로부터의 지시나 명령이 윤리와 도덕, 자신의 신념과 생각에 반하는데도 비판 없이 복종하는 현상.

악의 평범성 Banality of Evil 독일 정치철학자 한나 아렌트가 1963년 쓴《예루살렘의 아이히만》에서 주장한 이론이다. 나치의 홀로코스트 같은 역사 속 잔악무도한 악행은 광신자나 반사회성 인격장애자들이 아니라 국가에 순응하며 성실하게 살아가는 평범한 사람들에 의해 행해진다고 주장하고, 이를 '악의 평범성'Banality of Evil이라고 칭했다.

대비효과 Contrast Effect 같은 사건, 내용이라도 주변 상황이나 상대적 위치에 따라 느끼는 정도가 달라지는 경향을 말한다.

사회적 검증 Social Proof 집단의 다수로부터 받는 심리적 압력 때문에 집단의 의견과 일치된 행동과 생각을 하거나 조화되는 방향으로 자신의 행동이나 생각을 바꾸는 현상을 말한다. 즉, 남들 하는 대로 따라하면 큰 탈 없다고 생각하는 현상이다. 유사한 의미로 '동조현상'이 있는데, 역시 집단의 압력에 개인이 태도와 행동을 바꾸는 현상이다.

계획오류 Planning Fallacy 사람들이 특정 프로젝트를 수행할 때 최적의 상황만 감안하다 보니 어떤 작업의 완료일이나 예산을 과소하게 또는 낙관적으로 예측하는 등의 이유로 최종 결과가 원래 예상에서 크게 벗어나는 현상.

주의력 착각 Illusion of Attention 관심 영역 밖에 있는 상황이나 사물에 대해서는 변하는 걸 알아차리지 못하는 현상. '변화맹'Change blindness, '무주의 맹시'Inattentional Blindness 등으로도 표현된다.

현재유지편향 Status-quo Bias 여러 가지 선택 옵션이 있는 경우 사전에 설정된 초깃값에 의해 선택하는 경향. '초깃값효과'라고도 한다.

행동편향 Action Bias 불분명한 상황에서 우리는 뭔가를 하고 싶은 충동을 느낀다. 그리고 나면 더 낫게 변한 것이 아무것도 없더라도 기분은 나아진다. 이렇듯 결과에 관계없이 무언가를 행하는 경우 그렇지 않은 경우보다 마음의 안정감을 얻는 성향을 '행동편향'이라 한다.

감정휴리스틱 Affect Heuristic 사람들은 인간이 합리적이고 이성적으로 판단한다고 말하지만, 인간은 감정에 따라 판단하는 일이 많다. 폴 슬로빅Paul Slovic 등은 "감정이 여러 형태의 판단이나 의사결정에서 정신적 지름길로 작용한다"고 주장했다.

이야기편향 Story Bias 인간은 천성적으로 이야기를 좋아하기에 짜임새를 잘 갖춘 이야기는 객관적인 사실이나 정보를 각색함으로써 합리적인 의사결정이나 선택을 방해한다. 흥미로운 이야기가 진실보다 큰 힘을 발휘하는 현상.

프레이밍효과 Framing Effect 표현과 사고의 방식이 사람들의 믿음과 선호에 미치는 부당한 영향을 말하는 것으로 동일한 사안에 대해서도 어떻게 표현되느냐, 또는 어떤 관점에서 바라보느냐에 따라 전혀 다른 반응과 결론을 가져올 수 있다는 이론. '프레이밍'이란 사진 용어는 사진을 찍을 때 피사체를 파인더에 적절히 배치해 화면을 구성하는 것을 말하는데, 이에 따라 사진의 느낌과 구성이 달라지는 것처럼 프레이밍 효과란 사람들이 자신이 가진 생각의 틀Frame에 따라 동일한 사건도 다른 시각에서 보며, 달리 이해하고, 다른 결론을 내리는 것을 말한다.

정박효과 Anchoring Effect 배가 닻을 내리면 움직이지 않는 것처럼 초기에 제시되는 숫자나 자극이 일종의 선입관으로 작용해 이후 판단에 영향을 주는 효과.

집단사고 Groupthink 응집력 있는 집단들의 조직원들이 갈등을 최소화하며 의견의 일치를 유도해 비판적인 생각을 하지 않는 것을 뜻한다.

분석마비 Analysis Paralysis 지나치게 분석하고 생각하는 나머지 이후의 행동이나 의사결정을 마비시켜 아무런 해결책이나 행동을 이끌어내지 못하는 현상.

수다를 떠는 경향 Twaddle Tendency 자신이 잘 모르는 주제이거나 깊이 고민해 보지 않은 문제일 경우 머릿속에 명료하게 생각이 정리되지 않는다. 이때 입으로 쏟아내는 어렵고 애매모호한 긴 말들은 부족한 지식과 얕은 생각을 은폐시킨다. 그러나 듣는 사람은 그 모호한 말이 유창하다는 이유로 그를 과대평가한다.

평균값의 오류 The Problem with Averages 평균이라는 정보에 기대어 잘못된 의사결정을 하는 경우가 많다.

확증편향 Confirmation Bias 자신의 신념과 부합되거나 일치하는 정보는 받아들이고, 그렇지 않은 정보에 대해서는 무시하는 사고방식. 자기가 보고 싶은 것만 보고 자기가 믿고 싶은 것만 믿는 현상이다.

NIH증후군 Not Invented Here Syndrome 말 그대로 '여기서 개발된 것이 아니다'라는 의미다. 소속된 조직 내부에서 고안되거나 개발된 것이 아니라 외부에서 온 것이라면 무조건 인정하지 않는 경향. 제3자가 개발한 기술이나 연구 성과는 무작정 인정하지 않는 배타적 조직문화나 태도를 말한다.

매몰비용의 오류 Sunk Cost Fallacy 현재 진행하고 있는 일을 계속할 경우 미래에 발생할 이득이 크지 않거나 오히려 손실이 발생할 것을 알고 있음에도 과거에 투자한 비용이 아까워 일을 중단하지 못하는 일련의 행동.

정보편향 Information Bias 너무 많은 정보가 의사결정에 오히려 혼란과 방해를 줄 수 있음에도 정보가 많을수록 의사결정에 도움이 될 거라는 착각을 뜻한다.

단순노출효과 Mere Exposure Effect 어떤 대상을 자주 접할수록 인지적 편안함과 낯익은 친근감에 그 대상을 보다 매력적이고 긍정적이고 우호적으로 평가하게 되는 현상.

모호성의 회피 Ambiguity Aversion 우리는 어떤 확률의 위험보다는 불확실성, 모호함을 기피하는 성향이 있다. 반대로 불확실성과 모호함보다는 차라리 어떤 확률의 위험을 선호하는 경향을 보인다. 이 부문을 연구한 경제학자 대니얼 엘스버그의 이름을 따 '엘스버그의 역설'Ellsberg Paradox이라고도 부른다. 엘스버그는 1962년 하버드대 경제학 박사 논문 〈Risk, Ambiguity and Decision〉에서 예상치 못한 시장의 충격에 대한 위험 회피를 설명하는 '모호성 기피'ambiguity aversion라는 개념을 내놓는다. 그는 투자자가 위험뿐 아니라 모호성도 회피하는 성향을 나타낸다고 진단한다.

제로리스크편향 Zero Risk Bias 사람들은 위험성을 제로로 만들기 위해 필요 이상의 많은 노력과 비용을 지불한다.

《슬기로운 부장생활 2》에 소개된 심리법칙

거짓기억증후군 False Memory Syndrome 인간의 기억은 왜곡될 수 있을 뿐 아니라 한 인간의 두뇌 속에 완전히 잘못된 기억을 이식시킬 수도 있다.

자아고갈 Ego Depletion 의지나 자제력을 유지하기 위한 노력에는 에너지가 소비되며 이러한 에너지는 한정적인 자원이어서 사용할수록 고갈된다. 단기간에 생각을 열심히 하거나 너무 많은 결정을 내려야 했던 사람들은 마음이 지치지 않았던 사람들에 비해 얼음물 속에 손을 오래 담그고 있지 못한다. 한 가지 과업에 자제력을 사용했던 효과가 다른 과업에 영향을 주어 심리학자들이 '자아고갈'이라고 부르는 현상이 일어난다.

상호성의 법칙 Law of Reciprocality 상대가 호의를 베풀면 호의를 받은 사람은 빚진 감정을 갖게 되고 나중에 다시 그 빚진 마음을 갚으려고 하는 인간의 심리를 '상호성의 법칙'이라고 한다.

수면자효과 Sleeper Effect 시간이 지나가면서 습득한 정보에 대한 수용자들의 태도 변화를 칭하며 수용자가 정보에 노출된 직후와 비교해 시간이 지난 후 그 정보에 대한 태도가 변하는 경향을 말한다. 일반적으로는 신뢰성이 낮은 출처의 정보가 시간이 지나면서 그 설득력이 높아지는 현상을 말한다.

고정행동유형 Fixed-Action Patterns 동물생태학에서 다양한 동물이 구애·구혼 의식이나 교미의식 같은 일련의 행동에서 발견되는 규칙적이고 맹목적이고 기계적인 행동양식.

귀인오류 Fundamental Attribution Error '귀인오류' 또는 '기본귀인오류'란 타인의 행동 또는 문제 상황에 대한 이유를 환경적 요인이나 특수한 외부 요인, 맥락에서 찾지 않고, 그 사람의 개인적인 성향이나 성격, 능력, 감정, 태도 등 그 사람의 내적 요인에서 찾으려는 경향을 말한다. 어떤 행동에는 사회구조부터 개인의 기질까지 수많은 원인이 작동하는데 우리는 오로지 그 사람이 이상해서 그런 행동을 했다고 생각하는 오류.

인과관계의 오류 Fallacy of Causality 단순한 상관관계를 보이는 사건이나 우연히 벌어진 사건을 인과관계로 오해해 원인과 결과를 잘못 연결짓는 현상.

현저성편향 Salience Bias 어떤 특징이 눈에 띈다는 이유로 원래 그것이 갖고 있는 의미보다 큰 의미를 부여하고 나아가 행위의 원인으로 여기게 되는 오류다. 눈에 띄는 정보들은 사람들의 사고에 과도하게 영향을 미치는 반면, 숨겨진 채 눈에 잘 띄지 않거나 소리 없이 천천히 전개되는 원인들은 과소평가하는 오류에 빠지기 쉽다.

결과편향 Outcome Bias 사람들은 결과가 좋으면 과정의 좋고 나쁨은 생각하지 않고 좋은 결과로 이어질 충분한 이유가 있다고 생각하는 오류.

과신효과 Overconfidence Effect 판단 과정에서 한 사람의 주관적인 자신감이 객관적인 사실보다 훨씬 더 크게 발휘되는 오류를 말하며 자신의 성과를 실제보다 과대하게 평가하고, 타인에 비해 우수하다고 생각하며 자신의 믿음에 대한 정확성을 과신하는 현상으로 나타난다.

생존편향 Survivorship Bias 자신이 성공할 개연성을 일반적인 확률보다 과대하게 평가하는 경향이다.

파킨슨의 법칙 Parkinson's Law 영국 출신 해군사학자 노스코트 파킨슨이 주장한 법칙으로 3개의 법칙이 있으나 그중 업무량 증가와 공무원의 수는 무관하다는 제1법칙이 대표적이다.

평균으로의 회귀 Regression to the Mean 극단의 점수나 극단의 행동도 긴 흐름으로 보면 결국 평균을 향해 수렴해가는 현상.

가용성편향 Availability Bias 개인적인 경험이나 익숙하고 쉽게 떠올릴 수 있는 사례를 토대로 특정 사건이 일어날 확률을 과장되게 평가하는 오류.

후광효과 Halo Effect 일반적으로 어떤 사물이나 사람을 평가를 할 때 일부의 긍정적 특성에 과도하게 주목함으로써 전반에 대한 객관적인 판단을 저해하는 심리적 특성을 말한다.

도박사의 오류 Gambler's Fallacy 서로 독립적으로 일어나는 사건이 서로 확률에 영향을 미친다는 착각에서 기인한 논리적 오류다. 도박사들이 앞에서 일어난 사건과 그 뒤에 일어날 사건이 서로 독립돼 있다는 확률 이론을 받아들이지 않기 때문에 '도박사의 오류'라 부른다. 실제로 이러한 사건이 몬테카를로의 한 카지노에서 발생했다고 '몬테카를로의 오류'라고도 부른다.

로젠탈효과 Rosenthal Effect 교사들로부터 기대를 받고 있다는 사실만으로 아이들의 성적이 높아지는 현상.

동기부여구축이론 Motivation Crowding Theory 어떤 행동에 대해 인센티브를 제공하는 것이 때때로 그 행동을 수행하기 위한 본질적 동기를 약화시킬 수 있다는 이론이다. 사람들은 자극적인 인센티브제도에는 즉각적으로 반응하지만, 그 제도의 진정한 의도나 배후에 대해서는 숙고하지 않기 때문이다.

점화효과 Priming Effect 점화는 기억에 저장된 생각을 무의식적으로 활성화해 먼저 제시된 자극이 나중에 제시된 자극의 처리에 영향을 주는 현상이다. 'Priming'의 사전적 의미 가운데는 화약의 기폭제나 펌프에 넣는 '마중물'이라는 뜻도 있는데, 이를 우리의 뇌와 기억에 은유적으로 적용한 개념이다.

관찰자효과 Observer Effect 타인이 지켜보면 본래 가지고 있던 의도나 천성과 다르게 바람직한 방향으로 행동한다. 호손공장의 근로자를 대상으로 한 생산성 증가 실험에서 파생됐다고 '호손효과'The Hawthorne effect로도 불린다.

링겔만효과 Ringelmann Effect 집단 속에 참여하는 사람이 늘어날수록 성과가 커질 것으로 예상하지만, 오히려 성과에 대한 1인당 공헌도가 떨어지는 현상. 혼자 일할 때보다 집단 속에서 함께 일할 때 노력을 덜 기울인다는 것이다.

사후확신편향 Hindsight Bias 어떤 일의 결과를 알고 난 후에 자신은 마치 그 일이 일어나리라는 것을 사전에 알고 있었던 것처럼 착각하는 인지적 편향.

방관자효과 Bystander Effect 지켜보는 사람이 많을수록 어려움에 처한 사람을 돕지 않게 되는 현상. 어떠한 사건이 일어났을 때 다른 사람들이 어떻게 행동하는가를 관찰하며 그들과 같은 행동을 하거나 '누군가 하겠지' 생각하는 현상. '제노비스신드롬'Genovese syndrome 등으로 말하기도 한다.

학습된 무기력 Learned Helplessness 1960년대 마틴 셀리그먼이 실험을 통해 명명한 현상. 스스로 통제할 수 없는 외상적 경험을 반복적으로 겪게 되면 이후 같은 경험에 대처하려는 동기가 감소해 상황을 벗어나거나 회피하려는 시도나 노력을 포기하게 되는 현상을 말한다.

《슬기로운 부장생활 3》에 소개된 심리법칙

인지부조화 Cognitive Dissonance 인지부조화란 두 가지 이상의 반대되는 믿음, 생각, 가치를 동시에 지닐 때나 기존에 가지고 있던 것과 반대되는 새로운 사실을 접했을 때 개인이 받는 정신적 스트레스나 불편한 경험이나 이런 불일치를 줄이고자 태도나 신념을 바꾸는 행태다.

통제의 환상 Illusion of Control 실제적으로는 권한이 없는 뭔가에 대해 통제하거나 영향을 미칠 수 있다고 믿거나 통제하고 있다고 믿으면서 심리적 안정감을 느끼는 현상. 객관적인 외부 환경을 자신이 통제할 수 있다고 믿는 경향이다.

귀납법의 오류 Induction Fallacy 과거의 경험만으로 미래를 예측하는 오류.

노력정당화효과 Effort Justification Effect 사람들은 어떤 일에 많은 에너지를 쏟아 부으면 그 결과에 대해 크게 평가하는 경향이 있다. 유사한 개념으로 '이케아효과'Ikea Effect가 있다. 기성 완제품 가구와 달리 내가 직접 조립한 가구는 그만큼 더 애정이 가고 가구의 가치가 높아지게 되는 현상을 말한다.

이기적편향 Self-serving Bias 성공의 원인은 자신에게 돌리고, 실패의 원인은 타인이나 외부로 돌리는 경향.

잘못된 일치 효과 False Consensus Effect 자신이 가진 신념, 의견, 선호, 가치, 습관들을 남들도 나와 동일하게 가지고 있을 것이라고 과도하게 평가하며 나와 같지 않으면 상대방이 비정상적이라고 생각하는 인지편향

영역의존성 Domain Dependency 모든 영역에서 뛰어난 능력을 발휘하는 사람은 없다.

자기선택적편향 Self-selection Bias 확률적으로 근거가 없음에도 불행한 일이 생기면 자신에게 그런 사건이 발생할 확률을 과도하게 높게 평가하는 경향.

공정한 세상 가설 Just-World Hypothesis 노력은 반드시 보상받는다며 고난 속에서도 묵묵히 일하면 언젠가는 공정하게 보상받을 것이라는 세계관.

가면증후군 Imposter Syndrome 높은 성취에도 자신의 성공이 능력이나 노력 때문이 아니라 운 때문이라고 평가절하 하는 심리현상. 이러한 증후군에 빠진 사람은 자신이 사실은 똑똑하거나 유능하거나 창의적이지 못하다고 믿으며 자신의 능력이 과대 포장돼 남들을 기만하고 있다고 생각하면서 주변사람들의 시선에 불안해한다.

살리에리증후군 Salieri Syndrome 천재 모차르트와 노력형 궁정음악가 안토니오 살리에리의 이야기에서 유래된 용어. 자신보다 뛰어난 주변 인물 때문에 늘 질투와 시기, 열등감에 시달리는 심리현상이다.

파노플리효과 Effect de Panoplie 프랑스 철학자 장 보드리야르Jean Baudrillard 가 주장한 개념으로 소비자가 특정 상품을 구매함으로써 같은 제품을 소비하는 집단이나 계급에 소속됐다고 믿거나 특정 계층에 속한다는 사실을 타인에게 과시하는 현상을 말한다.

희소성의 오류 Scarcity Error 인간의 욕망은 무한한 데 비해 이 욕망을 충족시킬 수 있는 재화나 용역은 유한해 항상 부족한 상태에 있다는 원리를 경제학에서는 '희소성의 원칙'Law of Scarcity이라고 하며, 이는 최소비용과 최대만족을 추구하는 경제문제를 발생시키고 이를 해결하기 위한 경제활동을 촉발시키는 원동력이 된다. '희소성의 오류'Scarcity Error는 상품이나 서비스의 자원이 고갈되거나 부족하다고 느껴지면, 오히려 소유하고자 하는 욕구나 만족도가 커지는 심리적 현상을 말한다.

과도한 가치 폄하 Hyperbolic Discounting 미래보다 현재의 가치를 과도하게 높게 평가하는 현상을 말한다. 그 결과 사람들은 현재의 편익을 보다 높게 평가하고 미래의 즐거움을 원래보다 축소해 바라본다는 것이다. 이러한 편향의 특징은 시간이 지날수록 그 할인율이 점차 작아진다는 것. 오늘과 내일의 하루 차이는 크게 느껴지지만 1년 후의 하루 차이는 그리 크게 느껴지지 않는 심리.

피크엔드 법칙 The Peak-End Rule 고통 또는 행복의 경험과 관련된 평가는 고통·쾌락의 총량이나 매순간의 경험의 평균이 아니라 가장 절정일 때와 마지막에 느끼는 감정의 평균으로 결정된다는 법칙. 즉, 경험의 실재와 경험의 기억 사이에 비합리적인 인지적 착각이 발생하는 현상을 말한다.

스톡데일패러독스 Stockdale Paradox 역경에 처하게 됐을 때 낙관성을 유지하더라도 그 현실을 외면하지 않고 '정면대응' 하면 희망을 이룰 수 있는 반면, 조만간 일이 잘 풀릴 거라고 근거 없이 낙관하면 희망은 곧 무너지고 절망에 빠지기 쉽다는 '희망의 역설'을 뜻한다.

쾌락의 쳇바퀴 Hedonic Treadmill 행복한 일이 생겨도 시간이 지나면 다시 익숙해져 또 다른 것을 욕망하게 되는 현상으로 예를 들면, 생활수준이 높아져도 행복한 감정은 오래가지 않기 때문에 행복을 유지하기 위해서는 쳇바퀴를 돌리듯 더 많은 것을 가져야 한다는 역설을 의미한다. 소득 수준이 높은 국가들이 오히려 삶의 만족도와 행복감이 낮은 이유를 알려준다.

초점의 오류 Focusing Illusion 사람들은 인생의 한 면에 집중할수록 그것이 우리 인생에 미치는 효과를 과대하게 평가하게 된다. 어느 한 측면에만 초점을 맞춤으로써 다른 많은 측면을 간과하게 되는 것이다. 이렇게 어느 한 면에 집중한 나머지 초점 이외의 다른 부분의 영향을 무시하는 현상을 '초점의 오류' 또는 '초점착각'Focusing Illusion라고 한다.

폴리안나효과 Pollyanna Effect 어떤 상황에서도 긍정성을 잃지 않는 태도. 어떠한 불행한 상황에서도 그것에서 행복의 이유를 찾을 수 있다는 역설.

소유효과 Endowment Effect 자기가 소유한 물건에 더 큰 가치를 부여한다.

선택의 역설 Paradox of Choice 사람들에게 너무 많은 선택권이 주어질 경우 판단력이 흔들려 올바른 결정을 내리기가 힘들어지고, 소수의 선택권을 가졌을 때보다 안 좋은 선택을 하거나 심지어 결정 자체를 포기하는 현상. 선택할 수 있는 경우의 수가 너무 많으면 소비자는 모든 선택에 책임을 져야 한다는 부담과 잘못된 선택에 대한 두려움이 증폭되며 포기한 선택지에 대한 미련도 커지므로 스스로의 선택에 대한 만족도가 떨어지게 되기 때문이다.

손실회피성향 Loss Aversion 우리는 얻는 것의 가치보다 잃어버린 것의 가치를 더 크게 평가한다. 1만 원을 잃었을 때의 고통의 크기는 1만 원을 얻었을 때의 기쁨보다 2배 이상 크다.

기저율의 무시 Neglect of Base Rate 어떤 인물 또는 사건에 대한 상세한 설명이나 묘사가 오히려 통계적 진실을 왜곡시키는 현상.

참고문헌

《생각에 관한 생각》 대니얼 카너먼 지음, 이진원 옮김, 김영사
《당신의 고정관념을 깨뜨릴 심리실험 45가지》 더글라스 무크 지음, 진성록 옮김, 부글북스
《내 마음을 읽는 28가지 심리실험》 로버트 에이벌슨 외 지음, 김은영 옮김, ㈜더난 콘텐츠그룹
《스마트한 선택들》 롤프 도벨리 지음, 두행숙 옮김, 걷는나무
《스마트한 생각들》 롤프 도벨리 지음, 두행숙 옮김, 걷는나무
《블랙 스완》 나심 니콜라스 탈레브 지음, 차익종·김현구 옮김, 동녘 사이언스
《판단과 선택》 유호상 지음, 클라우드 나인
《감정독재》 강준만, 인물과 사상사
《착각의 심리학》 데이비드 맥레이니 지음, 박인균 옮김, 추수밭
《세상에서 가장 재미있는 63가지 심리실험》 이케가야 유지 지음, 서수지 옮김, 사람과 나무사이
《스키너의 심리상자 열기》 로렌 슬레이터 지음, 조증열 옮김, 에코의 서재
《그들도 모르는 그들의 생각을 읽어라》 로저 둘리 지음, 황선영 옮김, 윌컴퍼니
《너 이런 심리법칙 알아?》 이동귀 지음, 21세기북스
《똑똑한 사람들의 멍청한 선택》 리처드 탈러 지음, 박세연 옮김, 리더스북
《누가 내 생각을 움직이는가?》 노리나 허츠 지음, 이은경 옮김, 비즈니스북스
《당신이 지갑을 열기 전에 알아야 할 것들》 엘리자베스 던·마이클 노튼 지음, 방영호 옮김, 알키
《브랜드, 행동경제학을 만나다》 곽준식 지음, 도서출판 갈메나무
《행동경제학 강의》 홍훈, 서해문집
《만들어진 생각, 만들어진 행동》 애덤 알터 지음, 최호영 옮김, 알키
《무의식 마케팅》 정성희 지음, 시니어 커뮤니케이션
《부의 감각》 댄 애리얼리, 제프 크라이슬러 지음, 이경식 옮김, 청림출판
《내 마음속 1인치를 찾는 심리실험 150》 세르주 시코티 지음, 윤미연 옮김, 궁리
《상식 밖의 경제학》 댄 애리얼리 지음, 장석훈 옮김, 청림출판
《선택의 심리학》 배리 스워츠 지음, 형선호 옮김, 웅진지식하우스
《의사결정의 심리학》 하영원 지음, 21세기북스
《어쩌다 한국인》 허태균 지음, 중앙북스
《가끔은 제정신》 허태균 지음, 샘앤파커스
《판단하지 않는 힘》 대니얼 스탤더 지음, 정지인 옮김, 동녘
《사회심리학》 로버트 치알디니·더글러스 켄릭·스티븐 뉴버그 지음, 김아영 옮김, 웅진 지식하우스
《사람일까, 상황일까?》 리처드 니스벳·리 로스 지음, 김호 옮김, 심심
《설득의 심리학》 1·2·3권 로버트 치알디니·스티브 마틴·노아 골스타인 지음
　　　　　　　　　　　윤미나·이현우·김은령·김호 옮김, 21세기북스
《인지편향사전》 이남석 지음, 옥당
《심리학을 만나 행복해졌다》 장원청 지음, 김혜림 옮김, 미디어숲
《어떻게 팔지 답답할 때 읽는 마케팅책》 25 behavioral biases that influence what we buy
리처드 쇼튼 지음, 이진원 옮김, 비즈니스북스
《쇼핑의 과학》 파코 언더힐 지음, 신현승 옮김, 세종서적
《더 나은 직장생활을 위한 심리실험 100》 리오넬 다고 지음, 윤미연 옮김, 궁리